아무것도 하지 않아도 되지만
무엇이든 할 수 있는

청소년공간이야기

**아무것도 하지 않아도 되지만
무엇이든 할 수 있는**

청쇼년공간이야기

ⓒ 박상용 · 김구연, 2025

초판 1쇄 발행 2025년 10월 17일

지은이	박상용 · 김구연
그린이	이현아
펴낸이	이기봉
편집	좋은땅 편집팀
펴낸곳	도서출판 좋은땅
주소	서울특별시 마포구 양화로12길 26 지월드빌딩 (서교동 395-7)
전화	02)374-8616~7
팩스	02)374-8614
이메일	gworldbook@naver.com
홈페이지	www.g-world.co.kr

ISBN   979-11-388-4839-8 (03370)

아무것도 하지 않아도 되지만

무엇이든 할 수 있는

청소년공간이야기

1318상상발전소 청소년들의 삶, 회복, 자치, 성장 스토리

박상용 · 김구연 저 • 이현아 그림

좋은땅

상상의 씨앗에서 마을교육공동체의 큰 숲으로

조희연

(전 서울특별시교육감)

13세부터 18세까지의 청소년을 대상으로 자발적인 문화 봉사활동에서 시작된 '1318상상발전소'가, 2013년 서울시 '청소년 휴카페' 사업을 발판 삼아 오늘날 중랑구 어린이청소년네트워크의 굳건한 축으로 성장하기까지, 그 치열하고 아름다운 여정을 담은 기록이 책으로 세상에 나오게 되어 참으로 뜻깊고 반가운 소식이라 아니할 수 없습니다.

저는 2014년부터 10년간 서울시교육감으로서 공교육 체제의 혁신과 발전을 위해 힘써 오면서, 학교 학생들뿐 아니라 다양한 이유로 학교 울타리 밖에 머무는 이른바 '학교 밖 청소년'들 또한 우리 사회의 공적인 교육과 돌봄의 책임에서 결코 소외되어서는 안 된다고 줄곧 역설해 왔습니다. 아울러 경직된 교육과정과 학사 업무의 틀에 갇힌 학교 교육에, 민간 대안교육의 본질적인 철학이 혁신적인 숨결로 스며들기를 바라며 여러 정책과 사업을 펼치기도 했습니다.

실로, 혁신학교를 선두로 한 혁신교육은 학교 밖 대안학교 운동의 깊은 헌신과 날카로운 문제의식이 잠자던 공교육을 일깨워 일으킨 거대한 흐름이라 믿습니다. 배움이 오직 교실 안에만 머무는 것이 아니라 마을과 지역사회, 나아가 진정한 삶 속에서의 교육과 돌봄이 중요함을 깨닫고, 이 두 영역을 유기적으로 잇기 위해 혁신교육지구 등의 사업을 추진해 왔습니다. 저는 학생들의 성장이 학교 안 교육과 학교 밖 마을 교육의 긴밀한 협력 위에서 비로소 온전히 이루어질 수 있다고 생각합니다. 그런데 오늘날 학교 교육은 과열된 입시경쟁 체제에 더욱 짓눌려 진정한 '한 사람 한 사람을 위한 교육'으로부터 멀어져 있고, 그 자체가 거대한 사회 문제이자 저출생이라는 국가적 위기의 근원이 되고 있습니다.

이러한 현실을 극복하기 위해 학교 교육에서도 혁신의 노력이 계속되고 있지만, 교육과 돌봄이 학교를 넘어 지역사회 교육 공동체의 거버넌스로 확장되며 그 폭과 깊이가 놀랍도록 넓어지고 있다는 사실은 매우 바람직한 변화일 것입니다. 중랑구에서 십여 년간 뿌리내리고 성장해 온 1318상상발전소를 비롯한 대안적 마을 교육운동은 교육적으로나 국가적으로나 지대한 의미를 지닌다고 생각합니다.

○ 청소년들의 성장의 울림을 느끼며

그러한 큰 흐름 속에서, 1318상상발전소가 2005년 설립된 이래 20년 가까이 변함없이 아름다운 헌신을 이어 왔다는 것, 그리고 그 생생한 기록을 이렇듯 소중하게 남기고 있다는 것은 참으로 고무적인 일이 아닐 수 없습니다.

초고를 읽어 내려가면서 감동과 함께 깊은 감사의 마음을 금할 길이 없었습니다. 1318상상발전소에서 결과가 아닌 과정의 소중함을 경험하며 함께 성장할 수 있는 분위기, 특히 청소년자치활동의 순수하고 온전한 모습을 마주할 수 있어 흥미로웠습니다. 이 공간을 찾은 청소년들이 수년간 지속적인 만남과 관계 속에서 진정한 '나'를 찾아가는 성장의 과정을 경험하고, 잠재되어 있던 자신의 흥미와 적성에 따라 진로에 도전하는 기회를 얻으며, 청소년자치활동의 주체로서 기획력, 민주 역량, 공동체성 등을 키워 나가는 모습을 보게 되었습니다. '나를 믿지 못하는 나'와 '나를 응원하는 모두'의 포용 속에서 저마다 다른 모습으로 성장하는 청소년들을 보며, 이들의 불안정한 성장을 믿고 지켜보며 든든한 언덕이 되어 준 공간으로서 1318상상발전소의 생생한 기록들은 깊은 공감과 뜨거운 울림을 주기에 충분했습니다.

ㅇ병풍이 되어 준 아름다운 어른들께 특별히 감사하며

그 안에는 청소년 한 사람, 한 사람을 존중하며 그들의 목소리에 귀 기울여 주고, 어떤 목표나 성과에 얽매이지 않고 스스로의 변화와 성장을 묵묵히 응원하며 기다려 주는 진정한 어른들이 있었기 때문입니다. 때로는 많이 힘들고 크게 주목받지 못하지만 그런 든든하고 한결같은 마음으로 초창기부터 흔들림 없이 견지해 온 1318상상발전소의 운영 철학은 그 점에서 매우 소중한 가치를 지닌다고 여겨집니다.

또한, 서울시교육청 대안교육기관으로 등록된 '내일더하기'에서 '징검다리형 대안교육'이라는 새로운 접근의 운영 방식을 적용하고 있다는 점도 인상 깊었습니다. 이는 다양한 여건과 어려움을 지닌 청소년들에게 개별적이고 유연한 교육과정을 적용하며 따뜻하게 품는 넓은 교육 실천이라 생각되었습니다.

1318상상발전소는 학교 내 학생과 학교 밖 청소년이라는 구분을 넘어, 그야말로 다양한 청소년들이 마음 편히 드나들 수 있는 공간으로서 특별한 역할과 고유한 운영 철학을 지키며 지난 십여 년간 굳건히 유지되어 왔다는 점에서 그 의미와 방향적 가치를 다시금 되새기게 됩니다.

새 정부의 출범과 함께 청소년 정책의 패러다임 전환 모색, 청소년지도사 양성과 처우 개선 등에 대한 새로운 논의가 활발히 이루어지고 있으나, 학생과 청소년이라는 집단 대상의 구분으로 인해 청소년 정책은 교육제도적 문제와 별개로 인식되고 정부 행정에서도 따로 접근하게 되기 쉽습니다. 지금까지의 문제 접근의 틀을 획기적으로 개선해서 학교와 지역사회에서 아동청소년의 성장을 지원하는 공간적 바탕이 새롭게 열려 가기를 기대합니다.

특히 이 책의 부록 네 번째 꼭지에 담긴, 1318상상발전소 박상용 대표가 정리하여 제안하는 '소규모 청소년공간의 이해'라는 소론은 청소년정책 입안자들과 교육 당국이 반드시 세심히 읽어 보고 법적·제도적 개선에 적극 반영할 만한 귀한 제언이라고 생각합니다.

1318상상발전소를 포함하여 다양한 청소년 자율문화공간의 발전과 확산을 기원하며, 청소년들의 행복한 성장을 한껏 응원합니다. 그리고 1318상상발전소가 학교 너머, 마을에서 청소년들과 함께 키워 온 꿈, 그 꿈을 실현하는 아름다운 헌신을 계속 응원하겠습니다!

나도 가고 싶은 청소년공간 1318상상발전소

박현동

(사단법인청소년문화공동체 십대지기대표
청소년사역자협의회 고문
십대지기 따뜻한밥상 밥상지기)

『아무것도 하지 않아도 되지만 무엇이든 할 수 있는 청소년공간이야기』는 단순한 청소년공간의 기록을 넘어, 한 사람의 청소년이 어떻게 존중받고 회복되며 자신의 삶을 주도적으로 살아갈 수 있도록 안내받았는지를 보여 주는 깊은 감동의 여정입니다.

처음 이 책을 펼쳤을 때, 저는 단지 지난 12년간의 성과를 정리한 활동보고서일 것이라 예상했습니다. 그러나 몇 장을 넘기기도 전에, 이 기록이 보고서가 아닌 '삶의 이야기'이며, 단지 숫자가 아닌 '청소년'에 대한 헌신임을 깨닫게 되었습니다.

이 책은 우리에게 질문을 던지고 있습니다. 청소년에게 진정으로 필요한 것은 무엇일까요? 더 많은 프로그램일까요? 더 나은 시설일까요? 아니면 더 강한 통제일까요? 저자는 그 모든 기대와 고정관념을 내려놓고, 단 한 사람의 청소년을 있는 그대로 바라보는 것에서부터 출발하고 있습니다.

"아무것도 하지 않아도 되는 공간"이라는 표현은 어른들 입장에서는 다소 낯설고 불편하게 느껴질 수 있습니다. 그러나 실제로 그 공간 안에서 청소년은 비로소 자신이 누구인지 발견하고, 관계 속에서 회복되며, 공동체 안에서 자기 삶의 의미를 찾아가기 시작합니다. 그것은 매우 아름답고 귀한 과정입니다.

12년간의 여정은 수많은 상상의 순간과 실험의 반복이었습니다. 청소년 휴카페 사업의 3년 일몰제 종료, 공간 이전을 둘러싼 경제적 어려움, 외부 지원 없이 지역사회와 청소년의 자치로 공간을 유지해 온 과정 등은 결코 쉽지 않았던 현실을 보여줍니다. 하지만 그 모든 어려움 앞에서도 이 공간은 '지켜야 할 가치'가 있었기에 지속될 수 있었으며, 그 중심에는 언제나 '청소년 한 사람'이 있었습니다. 이 고백은 가슴을 깊이 울리는 감동을 전해 줍니다.

무엇보다도 인상적인 점은, 이 공간이 특정 계층을 위한 공간이 아니라 모든 청소년을 위한 '보편적 권리의 실현'이라는 사실입니다. 누구나 차별 없이 들어올 수 있고, 원할 때 도전하고 실패할 수 있는 기회를 제공하는 이 공간 안에서, "나도 할 수 있을까?"라는 속삭임은 "나도 할 수 있네"라는 확신으로 바뀌게 됩니다. 그리고 그러한 변화의 순간은 한 사람의 인생을 바꾸는 결정적인 전환점이 됩니다.

이 책은 단지 청소년지도자만을 위한 책이 아닙니다. 교육자, 행정가, 지역사회 활동가, 그리고 다음 세대를 염려하는 모든 분들께 '청소년'이라는 존재를 다시 바라보게 하며, 우리가 진정으로 지지해야 할 것이 무엇인지를 묻게 하는 책입니다. 공간이란 결국 그 안에 담긴 사람의 철학과 태도에 의해 정의된다는 것을 다시금 느끼게 됩니다.

그런 점에서 '1318상상발전소'는 단지 하나의 공간 이름이 아니라, 철학이며 방향이고, 우리 사회를 향한 하나의 선언이라고 생각합니다.

이 책을 다 읽고 난 뒤 저는 이런 생각이 들었습니다. "우리 지역에도

아무것도 하지 않아도 되지만
무엇이든 할 수 있는 청소년공간이야기

이런 공간이 있었으면 좋겠다." 아니, 더 나아가 "우리 모두가 누군가의 언덕이 되어 주는 존재였으면 좋겠다"는 마음이 들었습니다. 그러한 바람이 이 책을 읽으시는 독자 여러분의 마음에도 닿기를 진심으로 소망하며, 이 책을 기쁘게 추천드립니다.

존재만으로도 충분한 곳
― 기다림과 환대 속, 청소년들의 진짜 성장 기록

신소영

(사교육걱정없는세상 공동대표)

청소년기부터, 아니 어쩌면 영유아기부터 하루하루 해야 할 일과 이루어야 할 것들로 빼곡히 채워진 삶을 살아가는 아이들에게, '하지 않아도 괜찮다'는 말은 참으로 낯설면서도, 간절한 소망입니다. 나중을 위해 지금을 견디라는 세상 속에서, 1318상상발전소는 아이들에게 '아직은 괜찮다'고 담담히 말해 주는 안정적인 피난처가 되어 주었습니다. 이 공간은 무언가를 성취하기 위한 조급한 발판이나 프로그램이 아니라, 한 사람 한 사람을 오래 바라보고, 이름을 불러 주며, 조용히 곁을 내어 주는 단단한 어른의 어깨였습니다. 그렇게 아이들은 자신의 속도를 되찾고, 존재 자체로 존중받는 경험을 할 수 있었습니다.

이 책에서 반복해 던지는 '왜 꼭 무엇을 해야만 하냐'는 질문은 오늘날의 교육을 성찰하게 만드는 강력한 도전이자 전향적 상상력입니다. 성장이라는 것이 꼭 성취로만 이뤄지는 게 아니라면, 어른들이 아이들에게 해 줘야 할 가장 본질적인 일은 '기다림'일 것입니다. 그리고 1318상상발전소는 그 기다림을 실천해 온 공간입니다. 이곳에서는 무엇을 하든 괜찮고, 아무것도 하지 않아도 괜찮다는 말이 공허한 위로가 아니라 살아 있

아무것도 하지 않아도 되지만
무엇이든 할 수 있는 청소년공간이야기

는 약속이었습니다.

 어쩌면 낯설고 생경했을 그 '무목적'인 시공간 속에서, 아이들은 오히려 자발적으로 자치활동을 기획하고, 캠프를 열고, 공간을 꾸미며, 자신만의 의미를 스스로 만들어 갔습니다. 어른이 정해 놓은 길을 따라가기보다, 각자가 자신의 길을 시도해 볼 수 있는 여백이 열려 있었던 셈입니다. 그렇기에 이 공간은 단 한 번의 실패조차 용납되기 어려운 경쟁의 현실 속에서 탈진하고 길을 잃은 아이들이 숨을 고르고 마음의 상처를 다독일 수 있는 쉼터가 되어 주었습니다.

 초중고 학생 4명 중 1명이 학업 스트레스로 자살과 자해를 생각해 봤다고 답하는 현실에서, 이곳은 기대어 있어도 괜찮은 곳, 다시 살아갈 힘을 회복할 수 있는 치유 공간으로 존재해 왔습니다. 그리고 이 존재는, 단지 아이들에게만 해당되지 않습니다. 실적과 결과로 존재의 가치를 끊임없이 증명해야 하는 사회 속에서, 1318상상발전소 역시 해낸 것이 아닌 존재 그 자체로 충분하다는 메시지를 담담하게 전해 주고 있습니다. 이 공간이 지금껏 숱한 어려움 속에서도 묵묵히 지켜져 왔다는 사실은, 우리가 성과 중심의 시선 너머에 어떤 진짜 가치를 두어야 하는지를 보여 줍니다. 아이들처럼, 이 공간 역시 무언가를 증명하지 않아도 괜찮은 존재로 존중받아야 할 것입니다. 성과가 아닌 존재로서 존중받는 공간, 언제든 아무 이유 없이도 들를 수 있고, 있는 그대로의 모습으로도 괜찮다고 말해주는 공간. 그런 공간에서야 비로소 아이들은 살아갈 수 있고, 자라날 수 있으며, 다시 걸어 갈 수 있습니다.

 이 책은 1318상상발전소라는 공간이 지난 12년 동안 청소년들에게 어떻게 쉼과 여유, 자기 탐색의 시간을 건넸는지를 담은 따뜻한 기록입니다. 동시에, 그러한 공간을 묵묵히 지켜 온 사람들의 마음과 태도, 인내와 믿음이 고스란히 스며든 기록이기도 합니다. 단지 어느 기관의 발자취를 담은 책이 아니라, 오늘 이 시대를 살아가는 우리 모두에게 '청소년과 어떻게 마주하고 관계해야 하는가'를 조용히 되묻는 단단한 선언서입니다. 무엇보다 이 책이 더욱 귀한 이유는, 이 공간을 기억하는 이들, 그리고 그 안에서 머물렀던 청소년들의 진짜 경험과 목소리가 함께 담겨 있다는 점입니다. '누군가 나를 응원했던 기억이 삶을 바꾼다'는 말처럼, 1318상상발전소는 수많은 아이들에게 삶의 주체로 서 보는 기회를 선물해 주었습니다.

모든 아이들이 생의 고유한 가치를 주체적으로 발견하며 살아가기를 바라는 한 사람으로서, 앞으로 더 많은 청소년들이 이 공간의 품을 누릴 수 있기를 진심으로 응원합니다. 이 공간을 지금껏 함께 만들어 온 모든 이들에게 깊은 존경과 감사의 마음을 전하며, 이곳에 머물렀거나 앞으로 머무르게 될 청소년들에게 쉼과 자율, 그리고 온전한 '나'로서 설 수 있는 시간과 세상이 함께하길 바랍니다.

'청소년을 위한 공간'이 아닌
'청소년의 공간'

임유원

(전 상봉중학교, 석관고등학교 교장)

저는 학교에서 만나는 학생들을 보면서 학교가 모든 아이들을 위한 공간으로서 부족한 점이 많다는 것에 늘 미안한 마음이 들곤 했습니다. 학교 안팎의 어른들은 '학생들을 위한' 여러 가지 새로운 정책과 사업들로 늘 분주하지만, 일부 학생들에게 학교는 여전히 규율과 의무로 숨 막히는 곳, 삭막한 경쟁의 전쟁터, 진학에 필요한 기록과 스펙을 얻기 위한 통과의례적 관문으로만 여겨지기도 합니다. 자의 반, 타의 반 다양한 이유로 학교를 떠나는 학생들을 보면서 저 아이들은 이제 어떤 공간에서 어떤 사회적 삶을 살게 되는 것일까, 안전하지 못한 사회 환경을 염려하는 것이 고작이었습니다.

상봉중학교에서 교장으로 근무할 때, 정상적인 등교와 수업 출석이 어려운 아이들을 위한 배려의 방안으로 1318상상발전소와 학생의 출석을 확인하고 인정하며 공동 관리할 수 있는 협약을 맺어 보기도 했고, 새로운 개념의 '학생 수업 쉼터'를 학교 내에 직접 설치해 보기도 했지만 지속적인 관리와 운영이 힘들어 그리 오래가지 못했습니다. 교장으로서 학생의 재적 상황을 잡아 두는 게 고작이었던 저는 정년퇴직을 한 후 다시

1318상상발전소를 찾았고, 이 공간에서 다양한 청소년들의 자연스러운 삶과 성장을 접하게 되었습니다.

1318상상발전소는 '청소년을 위한 공간이 아닌 청소년의 공간'이라고 스스로 성격을 정하고 그에 따른 역할과 운영 철학을 지켜 왔습니다. 구태여 '청소년을 위한 공간'이 아니라 함은 어른들이 정한 목표와 성과를 기준으로 해서 청소년들을 대상화하지 않는다는 뜻일 것입니다. 청소년들이 주인이며 주체가 되어, 안전한 휴식과 편안한 소통, 꿈과 불안을 나누며 함께 성장할 수 있는 공간, 그것이 바로 1318상상발전소가 추구하는 '청소년공간'의 의미일 것입니다.

청소년들은 문화적으로 첨단의 경계면에 서 있는 존재들입니다. 의도하거나 의식하지 못한 채 새로운 문화적 가치와 영역을 찾아 현재의 틀과 규범을 부수고 새롭게 경계를 확장해 나가는 존재적 주변인(outsider)들입니다. 저는 학교에서 언제나 학생들의 무의식적 불만과 반항과 일탈에 대응하며 학교 교육이 변화하고 발전해 왔다는 것을, 교사로서 제가 그렇게 학생들에 의해 성장해 왔다는 것을 알고 있습니다. 이번에 '1318상상발전소 12년의 기록'이라는 이 책의 초고를 읽으며, 그와 같은 청소년들의 좌충우돌 자율적 성장을 묵묵히 기다려 주고 뒷받침해 주는 공간이 이렇게 지역사회에서 성숙되어 왔다는 것을 더 확실하게 알게 되었습니다. 그동안 함께하며 애써 오신 모든 분들께 깊은 존경과 감사의 마음을 이 추천사에 담아 전하고자 합니다. 그리고 학교와 지역사회에서 더 많은 청소년들의 자율과 상상이 허용되고 지원받는 환경이 '청소년의 공간'으로 구체화되고 확대되기를 바랍니다.

아무것도 하지 않아도 되지만
무엇이든 할 수 있는 청소년공간이야기

진솔한 소통의 힘
― 청소년과 함께 성장하는 법

전찬주

(새믿음교회 담임목사)

자신의 주변에 거울과 같은 사람이 있다는 것은 행운인 것 같습니다. 박상용 저자는 저보다 나이는 몇 살 어리지만 저에게 그런 거울과 같은 사람인 것입니다.

지하 협소한 곳에서 미약하고 힘들었던 시작, 주변의 오해와 편견, 제반 운영 환경의 부족과 자신의 오랜 지병 등으로 포기할 수 있음에도 포기하지 않고 오직 청소년들과 진솔한 소통을 나누며 그들의 고민과 내외적 성장에 함께하는 저자를 보며 저 자신을 되돌아보게 됩니다.

주변 지인들이 책을 출판한다고 하면 말리는 편이지만 1318상상발전소의 부침과 성정을 지켜보았기에 우리 기복이 지자의 『아무것도 히지 않아도 되지만 무엇이든 할 수 있는 청소년공간이야기』가 수많은 숙제를 가지고 고민하는 청소년 문제에 답을 찾아가는 소중한 길이라 생각하며 조용히 응원합니다.

귀 기울여 듣는 청소년의 목소리!
― 기회와 경험의 마당을 만들다

임지연

(중화중학교 운영위원장)

1318상상발전소의 오랜 발자취를 세상에 선보이는 지금, 진심으로 축하드립니다.

1318상상발전소는 청소년들의 상상이 날개를 펼치고, 꿈이 되고 마침내 실현되는 소중한 공간입니다. 지난 십여 년의 시간 동안 이곳에서 아이들의 밝은 웃음소리부터 깊은 슬픔과 아픔의 목소리까지, 수많은 이야기가 쌓였습니다.

그 목소리를 귀 기울여 듣고, 마음으로 품으며 묵묵히 기다려 온 사람들이 있기에 가능했던 일입니다. 단순히 듣는 것에 그치지 않고, 청소년들에게 기회를 제공하고 다양한 경험의 마당을 만들어 주며 함께하는 사람들이 있었기에 청소년들은 그렇게 커 가고 있습니다.

이 책에 담긴 이야기는 우리 모두에게 앞으로도 청소년들을 더 깊이 품고 함께 나아가겠다는 다짐을 새롭게 합니다.

쓸데없는 일은 없다
― 청소년이 만드는 기적의 시간

이윤주

(중랑행복교육 대표)

청소년은 공부하는 존재로만 여겨지고, 입시에 도움이 되는 활동 이외의 것들은 '쓸데없는 일'로 치부되는 사회에서, 저는 지역에서 어린이·청소년이 행복해지는 교육을 만들고자 활동을 시작했습니다. 그리고 한때 도움이 절실했던 청소년의 엄마로서, 1318상상발전소가 있어 얼마나 고맙고 든든한지 모릅니다.

이곳은 어른의 눈에는 하찮아 보일 수 있는 시간이지만, 청소년들에게는 무한한 삶의 시간을 지켜 주는 공간입니다. 그냥 앉아 있고, 웃고, 수다를 떨며 보내는 순간 속에서 아이들은 숨을 고르고, 마음을 회복하며, 다시 나아갈 힘을 얻습니다. 이곳에서는 실패를 두려워하지 않아도 됩니다. 결과보다 과정을 소중히 여기고, 모든 순간순간의 의미를 찾습니다. 그 곁에는 기다려 주는 '따뜻한 무관심'이 있습니다.

보람되지만 결코 쉽지 않은 길을 묵묵히 걸어오신 박상용, 김구연 선생님께 깊이 감사드립니다. 그리고 청소년들에게 '든든한 뒷배'가 되고자 함께 만들고 지켜 온 중랑의 시민사회와 마을 주민들의 연대에도 큰 감사를 드립니다.

이 책은 청소년과 함께하는 모든 사람— 양육자, 교사, 청소년지도자, 그리고 지역에서 청소년을 응원하는 시민— 에게 건네고 싶습니다. 아이들을 '가르쳐야 하는 존재'가 아니라 '함께 살아가는 시민'으로 바라보고 싶은 분들에게 권해 드립니다.

청소년의 눈으로 세상을 읽다

박경연

(사단법인중랑마을넷 사무국장)

청소년을 어른의 기준으로 바라보는 것이 아니라, 청소년의 눈높이에서 생각하고 함께한다는 것이 어떤 것인지가 이 책에 담겨 있습니다.

이 책은 1318상상발전소가 12년 동안 청소년공간을 운영하며 깨달은 소중한 진실들을 담고 있습니다. "청소년공간은 청소년들에 의해 운영되어야 한다"는 메시지는 단순한 이상이 아닌, 청소년의 자율성을 진정으로 신뢰해 온 실천 철학입니다.

청소년과 함께 살아가는 모든 분들에게 강력히 추천합니다. 청소년의 눈높이에서 세상을 이해하려는 노력이 얼마나 혁신적인 변화를 만들어 내는지, 그들의 자율성을 진정으로 믿고 지지할 때 가능해지는 놀라운 성장의 순간들을 이 책을 통해 경험하실 수 있을 것입니다.

낯선 여정을 시작하며 "이것이 맞나?"라는 불안함이 있었을 때도 언제나 곁에서 힘이 되어 주신 분들이 있어 부족한 우리가 지금까지 올 수 있었습니다.

첫 책이면서 어쩌면 마지막 책이 될 수도 있기에 소중한 분들께 감사를 전하고 싶습니다.

무엇보다도 2013년 청소년공간을 해야겠다고 결심하고 의논했을 때 아무런 조건 없이 당신의 쌈짓돈을 내어 주신 고(故) 정정순 권사님께 깊은 감사를 드립니다. 귀한 후원이 아니었다면 1318상상발전소는 시작되지 못했을 것입니다.

2005년부터 지금까지 모든 시간을 함께하고 있는 사랑하는 동역자 김장순 권사님, 은화, 윤진, 성호에게 진심으로 감사합니다.

우리가 기댈 수 있는 언덕이 되어 주셨습니다.

중랑마을넷을 비롯해 일일이 이름을 나열하기 어려울 정도로 많은 중랑의 모든 분들께 감사드립니다. 중랑에서 청소년을 위해 함께 고민하며 목소리 낼 수 있는 힘이 되어 주셨습니다. 특별히 기억도 못하시겠지만

아무것도 하지 않아도 되지만
무엇이든 할 수 있는 청소년공간이야기

청소년공간이 어려운 시기에 아무도 모르게 키다리 아저씨가 되어 주신 김봉구 녹색병원 전(前) 원장님과 항상 넉넉한 웃음으로 지지해 주셨던 고(故) 장이정수 선생님께 감사드립니다.

청소년들에 대한 특별한 관심과 사랑으로 함께해 주신 류경기 중랑구 청장님을 비롯하여 여러 공무원분들께도 감사드립니다. 업무와 상관없이 지지와 협력을 아끼지 않으심으로 중랑구가 청소년행복도시로 변화될 수 있는 든든한 힘이 되어 주셨습니다.

또한 청소년공간이 난감한 상황에 있을 때 함께 고민하며 애써 주신 박승진 서울시의회 의원님께도 감사를 드립니다. 개인적 인연이 없음에도 청소년들을 사랑하는 마음으로 큰 수고를 해 주셨습니다. 항상 감사하며 응원합니다.

오직 청소년을 사랑하는 마음으로 아무런 조건 없이 법인의 이사로 애써 주시는 곽보천, 백해룡, 임유원, 임지연, 전찬주, 정영삼, 정윤재 이사님들과 이상춘, 한효원 전(前) 이사님들께 감사드립니다. 든든하고 힘이 됩니다.

함께해 주시는 회원, 후원사님들께 감사드립니다. 이분들 중에는 얼굴도 모르고 만난 적도 없는 분들이 계십니다. 오직 청소년의 꿈을 위해 함께 소중한 마음을 모아 주셨습니다. 감사합니다.

자주 보지 못하지만 1318상상발전소의 시작부터 함께해 준 믿음의 동역자 웨스트민스터신학대학원대학교 동기들, 광명교회(이광성 목사)와 누림교회(박덕원 목사), 새믿음교회(전찬주 목사) 성도님들께 깊은 감사를 드립니다. 여러분들의 기도는 생명줄이었습니다.

"다시 또 이런 사람들을 만나서 함께 비전을 나눌 수 있을까?" 이 힘든 공간에서 오랜 시간 청소년들의 든든한 버팀목이 되고 있는 너무나 완벽한 동료 송은혜, 김현숙, 김이나, 홍찬비 선생님께 특별히 감사드립니다. 그리고 새롭게 합류하여 새로 힘을 보태 주시는 윤재식, 이수남, 설선영, 최정호 선생님들과 지난 시간 동안 청소년공간에서 청소년들과 함께 삶을 나눠 주셨던 모든 동료 선생님들께 감사드립니다. 여러분이 아니었다면 지금의 1318상상발전소는 존재하기 어려웠을 것입니다.

어릴 적부터 당신의 생각을 강요하지 않으시고 사랑으로 양육해 주신 부모님(박용호, 이정순 그리고 지금은 하나님께 스카웃되어 우리 곁을 떠나신 고(故) 김철수, 고(故) 정정순)께 감사드립니다. 편한 길을 포기하고 어려운 길만을 찾아가는 것이 맘에 들지 않고 속상하셨겠지만 반대하지 않으셨고 기도로 지켜보며 함께해 주셨습니다.

삶 속에서 보여 주신 성실함 그리고 나눔의 가르침과 사랑으로 우리가 주저하지 않고 지금과 같은 삶의 방식을 선택할 수 있었습니다. 존경과 감사를 드립니다.

바쁘신 가운데 초고를 읽어 주시고 추천사를 써 주신 조희연 전(前) 서울시교육감님, 박현동 십대지기대표님, 신소영 사교육걱정없는세상 공동대표님, 임유원 전(前) 석관고등학교 교장선생님, 전찬주 새믿음교회 담임목사님, 임지연 중화중학교 운영위원장님, 이윤주 중랑행복교육 대표님, 박경연 중랑마을넷 사무국장님께 깊은 감사를 드립니다. 추천사를 읽으며 힘을 얻었습니다.

마지막으로 가장 사랑하는 아들 주헌아!

어린 시절부터 실속 없는 일로 바쁜 우리 때문에 외롭게 해서 미안하고

아무것도 하지 않아도 되지만
무엇이든 할 수 있는 청소년공간이야기

경제적으로 풍족하게 지원해 주지 못해서 미안하다.

사춘기 시절 부모가 친구들을 대상으로 이런 활동을 하는 것이 못마땅하기도 했을 텐데 이해해 주고 허락해 줘서 고맙다. 그리고 지금은 건강하게 성장하여 멋진 사회의 일원으로 살아가 줘서 고맙다.

정말 사랑한다.

2025년 뜨거운 여름
사랑과 감사의 마음으로
박상용(피터), 김구연(잼마) 드림

목 차

1부 **한 칸의 상상, 지하 공간의 기적**

4부 다시, 상상을 시작하며

○ 아무것도 하지 않아도 되는 시간과 공간 그리고 청소년의 권리

1318상상발전소가 청소년공간을 처음 시작했던 2013년경 서울에는 비슷한 형태의 청소년공간이 꿈틀대며 만들어지고 있었고 그 수는 약 40여 개에 달했습니다. 그것은 고(故) 박원순 서울시장이 추진했던 '청소년 휴 카페'의 영향이었는데 1318상상발전소도 그즈음 서울 중랑구 묵동에 작고 소박한 청소년공간을 시작하여 지금까지 운영하고 있습니다.

1318상상발전소라는 명칭에 대해서
- 첫 번째, 집중해야 할 대상에 대해 고민했습니다.
법률상 청소년이라 하면 매우 폭넓은 계층을 포함하고 있지만 우리는 사회통념적으로 청소년으로 인식되는 중1~고3까지의 청소년을 집중해야 할 대상으로 설정했고 그 연령대는 만 13세부터 18세까지였습니다.
- 두 번째, '무엇을 주고자 하는가?'라는 질문을 던졌습니다.

청소년들이 현실에 갇혀 자신들의 꿈을 포기하고 순응하며 살아가는 것이 아니라 스스로 상상의 나래를 마음껏 펼치고 더욱 크게 발전시켜 나가면 좋겠다고 생각했습니다.

그 두 가지 생각과 마음을 담아 '1318상상발전소'라는 명칭을 만들어 시작하게 되었습니다.

그 당시에는 '청소년공간'에 대한 정의나 정체성, 방향 등이 만들어지지 않았기에 기존의 청소년센터나 청소년시설의 축소판 또는 별관이라는 인식이 강한 시기였습니다. 그래서 청소년공간의 고유성이나 독창성을 갖고 운영하기보다는 기존에 있던 프로그램을 적용하고 홍보하여 청소년들이 찾아오길 기다리는 곳이 대부분이었습니다.

그러나 서울시의 '청소년 휴카페'라는 명칭이나 지금의 '청소년커뮤니티공간', '청소년자율문화공간' 등의 명칭에서도 알 수 있듯이 청소년공간은 쉼과 교류를 통해 다음 단계로 나아가는 것이 가장 큰 방향성이며 정체성입니다.

결과적으로 2025년 현재 2013년경 만들어졌던 청소년 휴카페 중 처음의 정체성을 유지하며 운영되고 있는 곳은 거의 없고 대부분 운영을 중지하였거나 다른 형태로 변형하여 운영하고 있습니다.

또한 청소년 휴카페로 시작된 청소년공간이 만들어지고 운영된 지 10여 년이 넘는 시간이 흘렀지만 아직도 그 정체성과 정의에 대해 전반적인 논의가 이루어지지 않고 있다는 것은 아쉬운 점입니다. 그로 인해 여전히 방향성이나 정체성이 모호하고 각 운영주체의 방침으로 운영되고 있는 현실입니다.

〈이에 대한 의견을 마지막에 부록으로 수록하였습니다.〉

우리는 1318상상발전소라는 청소년공간을 시작하며 생각했습니다.

"왜 꼭 무엇을 해야만 하지?"

이 질문은 우리가 지금까지 1318상상발전소를 운영하며 겪은 여러 상황 속에서도 흔들리지 않게 중심을 잡아 준 가장 중요한 점입니다.

이미 청소년들은 많은 것을 해야 한다는 압박을 받고 있습니다. 학교에 가면 공부를 해야 하고, 학교가 끝나면 다양한 종류의 학원을 다니며 또 무엇인가 공부를 해야 합니다.

청소년시설이나 기관에 가면 그곳에서 마련한 프로그램에 참여해야 합니다. 집에 가서 잠시 누워 있으면 하필이면 그 틈새에 놀고 있다고 부모님께 핀잔을 듣기도 합니다.

이러한 현실에서 청소년공간은 '어디에서든지 무엇을 해야만 하는' 청소년들에게 주어진 탈출구이며 '아무것도 하지 않을 권리'를 실현하는 곳입니다.

노자는 도덕경에서 '아무것도 하지 않음으로 모든 것을 이룬다'고 말했습니다. 이는 아무것도 하지 말라는 의미이기도 하지만 자연의 순리를 거스르며 억지로 하지 않을 때 모든 것이 이루어진다는 의미이기도 합니다.

이런 의미에서 지금 우리의 청소년들이

자연스러운 삶의 과정을 살아가고 있는가?

자연스러운 성장의 과정을 지나고 있는가?

그리고 그를 통해 건강하게 성장하고 있는가?

스스로에게 이러한 질문을 던질 때 우리는 자신 있게 그렇다고 대답하기 어렵습니다.

이러한 현실에서 1318상상발전소는 청소년들이 건강하게 성장하고 회복하며 아무것도 하지 않을 권리를 사용할 수 있도록 자리를 내어 주었습니다.

12년간 이 공간에서 변함없이 청소년들을 만나며 많은 사람들이 당연하다고 생각하는 것!
즉 "청소년의 시기는 공부가 가장 중요하고 경쟁에 뒤처지지 않으려면 남들처럼 열심히 공부해서 좋은 대학을 가야만 한다"라는 보편적인 생각에 의문을 제기했습니다.
인생에는 한 가지 길만 있는 것이 아닌데 청소년들이 다른 길을 선택하지 못하고 한 방향으로만 향하고 있는 것이 안타까웠습니다.
그래서 정답 없는 경쟁 안에서 지쳐 가고 힘들어하는 것을 지켜만 보는 것이 아니라 그들이 자신만의 길과 방법을 찾을 수 있도록 다양한 경험과 도전의 기회를 세시하였고 스스로 길을 찾을 수 있도록 격려하며 탐구와 도전의 과정을 함께하였습니다.
그러자 그들은 그 시간과 공간을 통해 놀랍게도 끊임없이 변화하며 성장했습니다.

'내 삶을 내가 디자인하여 만들어 가는 청소년'

위의 문구는 1318상상발전소의 청소년운영위원회 'MoA'에서 만든 슬로건입니다.

1318상상발전소는 이 슬로건이 구호에 그치는 것이 아니라 실제로 실현될 수 있도록 구조와 생각을 바꿨습니다.

각종 활동의 주도권을 청소년들에게 넘겨주었습니다.

이미 구성된 프로그램에 청소년들을 참여시키는 수동적 방법이 아니라 청소년들이 프로그램과 활동을 제안하면 그것이 실현될 수 있도록 하였습니다.

캠프나 여행의 계획을 기관에서 짜서 참여시키는 것이 아니라 캠프와 여행의 모든 과정을 스스로 기획하고 일정과 동선을 만들 수 있도록 시간과 기회를 주었습니다.

누구도 시작하지 못했던 지역에서의 청소년축제를 기획하도록 주도권을 넘겨주었으며 그 결과 10년째 '상상날개를 펴다'라는 축제가 매번 새로운 모습으로 기획되어 운영되고 있습니다.

자기 개발과 발전을 원하는 청소년들과 고민을 함께하며 예체능 및 보통교과에 대한 맞춤형 교육지원도 진행했습니다.

조금 느리고 서툴렀지만 그 과정을 통해 청소년들은 변화하고 성장했습니다. 그리고 수많은 도전과 실패를 반복하며 결국은 도전을 두려워하지 않고 부딪히며 자기 자신을 만들어 가는 건강한 어른이 되었습니다.

○ 중요한 것은 결국 한 사람! '한 청소년'에 대한 오랜 관심의 기록

한 사람의 진가를 알기 위해서는 자세히, 오래, 깊게 바라보는 시간이 필요합니다. 이는 삶을 살아가고 사람을 만나며 사귀는 데 꼭 필요한 진리이며 가장 중요한 자세라고 할 수 있습니다.

그런데 사회는 개인보다는 조직을 우선시하고 있으며, 학교도 개인이 아닌 학급이나 학년 단위로 교육과 돌봄을 하고 있습니다. 한 개인의 반이 아니라 반에 속한 개인이라는 것을 중요하게 보고 있습니다.

청소년기관도 참여 청소년 개개인보다는 프로그램의 운영이나 진행을 중요하게 여기고 있으며 참여 청소년을 그 프로그램에 속한 한 부분으로 보고 있습니다.

사실상 개인을 주의 깊게 오랫동안 보며 그의 성장이나 변화에 집중하기보다는 공동체의 운영과 과정 그리고 성과에 중심을 두고 있는 것입니다.

그것이 옳다 그르다 판단하고 싶지는 않습니다.

그러나 1318상상발전소가 가장 중요하게 생각하는 것은 한 사람! 한 개인입니다.

전체가 잘하고 결과를 내는 것도 중요하지만 느리고 서툰 보통의 한 청소년이 변화하고 성장하는 과정이 더 가치 있다고 생각합니다. 그렇기에 청소년들을 전체에 속한 개인으로 생각하는 것이 아니라 개인이 모인 전체라는 것을 가장 중요한 방향성으로 삼고 있습니다.

전체이지만 개인이며 각각의 개인은 모두 존중받을 권리와 가치가 있습니다. 또한 개인이지만 공동체로서의 전체가 되어 가는 모습을 보는 기쁨이 있습니다.

1318상상발전소는 청소년공간에서 한 명 한 명의 청소년을 오랫동안 깊이 있게 바라보며 손잡아 주었습니다.

사업보다는 만남을, 실적보다는 함께함을 더 중요시하였고, 주목받고 뛰어난 청소년만이 아니라 모든 청소년은 존중받을 권리가 있다는 사실을 마음에 새긴 채 변화와 성장을 함께했습니다.

놀라운 것은 청소년들에게 자치권을 내어 주고 개인을 존중하는 방향성을 유지하였더니 더 많은 사업을 할 수 있었고 많은 사람들이 주목하는 실적을 보여 줄 수 있었습니다.

청소년활동은 사업과 실적이 우선이 아닙니다. 청소년과 함께 하는 그 자체가 가장 큰 의미입니다.

○ 언덕이 되어 주는 청소년공간

1318상상발전소는 청소년이 기댈 수 있는 언덕입니다.

청소년들은 숨 쉴 수 있는 틈이 부족합니다. 주변에 셈법을 따지지 않고 기댈 수 있는 언덕이 되어 주는 사람도 기관도 부족합니다. 부모님의 과도한 기대도 부담스럽습니다.

그들에게는 성공했을 때는 기쁨을 나눌 수 있고 실패와 좌절 가운데 있을 때는 마음 놓고 기대어 울 수 있는 곳이 필요합니다.

질풍노도의 방황 가운데 어느 날 문득 돌아가 기댈 수 있는 그런 곳이 필요합니다.

'돌아올 곳이 있다는 건, 우릴 얼마나 안심하게 만드는지….'
『웰컴투 삼달리』라는 드라마의 엔딩크레딧에 나온 자막입니다.
드라마는 고향과 친구, 가족을 돌아올 곳이라고 말하고 있습니다.
1318상상발전소는 청소년들이 돌아올 고향, 친구, 가족이 되어 자리 잡고 있습니다. 그렇게 청소년들에게 위로와 평안을 주고 있습니다. 아주 오랜만에 와도 묻지도 따지지도 않고 반겨 주는 그런 돌아올 수 있는 곳입니다.
편안하게 기대어 쉴 수 있는 든든한 언덕입니다.
결과에 상관없이 이해해 주고 편들어 주며 과정을 지켜보고 함께 손잡아 주고 있습니다.

"너 잘되라고 하는 말이야"라는 말 대신 그저 함께 힘들어하고 때로는 밀어주고 당겨 주며 고민을 나누고 울고 웃는 시간 속에서 서로를 공감하는 공동체가 되고 있습니다.

1318상상발전소는 우리가 꿈꾸는 이상향을 향해 청소년들과 함께 성장하고 변화해 온 작은 공간입니다. 이곳에서 우리는 청소년들의 기댈 언덕이 되어 주었고, 지금도 그 이상향을 향한 발걸음을 멈추지 않고 있습니다. 이 책은 청소년들이 이곳에서 어떻게 숨 쉬고 어떤 꿈을 꾸며 나아가는지, 그 바람과 과정, 그리고 결과에 대한 이야기를 담고 있습니다.

○ 내려놓음에 대한 이야기

어른들은 흔히 청소년을 가르치는 것을 자신의 권위이자 의무라고 생각합니다.

하지만 우리는 청소년을 위해 '무엇인가 해야 한다'는 부담감을 내려놓아야 한다고 생각합니다. 가르치려 하기보다 함께 공감해 주고, 지적과 조언보다는 함께 고민하며 길을 찾아야 합니다.

이는 청소년들을 향한 사명감과 선한 마음을 가진 사람들에게는 때론 어려운 일입니다. 무언가를 내려놓는 순간, 마치 아무것도 하지 않는 것처럼 느껴지거나 직무 유기를 하는 것은 아닌지 불안해지기 때문입니다.

그러나 우리가 한발 물러설 때, 청소년들의 가능성은 비로소 빛을 발하기 시작합니다. 우리가 전혀 예상치 못했던 놀라운 열매를 보게 됩니다. 스스로 만들어 가는 진짜 청소년 자치와 자발적인 공동체 활동을 볼 수 있었습니다.

반짝반짝이는 눈으로 도전하고 탐구하는 청소년들, 수많은 실패로 힘들어 할 때, 우리는 그저 곁에 있어 주고 지치지 않도록 묵묵히 지지해 주었습니다. 좌절과 어려움에 넘어지지 않고 스스로 극복하여 자신만의 길을 찾아가는 과정을 보았습니다. 그리고 마침내 지역사회의 당당한 일원으로 자리 잡는 놀라운 모습을 볼 수 있었습니다.

가르치려는 마음을 내려놓고 공동체의 일원으로 청소년들과 함께하니, 이처럼 놀라운 열매를 볼 수 있었습니다.

○ 1318상상발전소, 청소년의 숨결로 빚어낸 공간 이야기

글을 쓰며 어떤 방향성을 갖고 어떤 내용을 담아야 할지 고민이 많았습니다.

첫 번째 청소년휴카페, 청소년커뮤니티공간, 청소년자율문화공간 등 여러 가지 명칭으로 불리고 있는 '청소년공간'에 대해 명확히 정리된 개념과 기록이 부재하기 때문에 그 부분에 대한 이야기를 담고 싶었습니다.
그동안의 경험을 바탕으로 '청소년공간'에 대한 일종의 안내서 또는 매뉴얼이 필요하다고 생각했습니다.

두 번째는 1318상상발전소를 중심으로 하는 사례들을 돌아보고자 했습니다.
12년간 1318상상발전소를 운영하며 쌓아온 긍정적, 부정적 사례들이 매우 다양하게 축적되어 있기에 이런 사례를 중심으로 전개하는 것도 현장의 생생한 이야기를 전달하기에 좋을 것이라는 생각도 들었습니다.

세 번째 청소년자치기구를 중심으로 하는 활발한 청소년활동에 대한 이야기입니다.
형식적이고 말뿐인 자치활동이 아닌 진짜 청소년자치활동이 만들어지고 운영되는 그 과정을 통해 어떤 결과가 나왔는지를 공유함으로 청소년자치활동에 대한 새로운 방향을 제시하는 것도 좋겠다는 생각이 있었습니다.

마지막으로 우리가 이룬 실적이나 성과를 중심으로 한 기술입니다.

통칭 '청소년공간'에 대한 이해와 인식이 아직은 미진한 상황이기에 1318상상발전소가 이뤄 온 실적과 성과를 전한다면 상대적으로 '청소년 공간'에 대한 이해도가 높아지지 않을까 하는 생각도 있었습니다.

위의 4가지 하나하나가 한 권의 책이 될 분량인데 그것을 모두 담고자 하는 마음으로 글을 쓰다 보니 결국은 뒤죽박죽의 내용이 된 것 같습니다. 그래도 조금씩이라도 이런저런 내용을 담았다는 데에 의의를 두겠습니다.

이 외에도 청소년들과 함께 만들어 간 수많은 프로젝트와 활동이 있고, 나누고 싶은 사례가 많았습니다. 또한 좀 더 직설적인 내용을 담고 싶은 마음도 컸지만 글이라는 매체가 가진 전달의 한계와 오해를 피하기 위해 넘어간 부분이 많아 아쉬운 마음도 있습니다. 하지만 언젠간 이런 부분도 나눌 수 있는 기회가 주어지길 기대하며 이 책이 청소년들, 그리고 그들과 함께하는 모든 이들에게 의미 있는 작은 울림이 되었으면 하는 바람을 가져 봅니다.

이 책은 전문적인 이론이나 학문적 관점 대신, 우리가 청소년들과 함께 겪어 온 생생한 경험과 현장의 이야기를 담았습니다. 시간의 흐름을 따르기보다는 각 상황과 주제에 따라 내용을 구성했습니다.

사례로 언급된 청소년들의 이름은 모두 가명을 사용했으며 개인이 특정될 수 있는 내용은 생략하거나 일부 각색하였습니다.

책에 사용된 그림은 1318상상발전소 일러스트 동아리 리더로 활동하고 있는 이현아 청소년이 직접 그린 것입니다. 함께할 수 있어 기쁘고 영광이었습니다.

또한 공동 저자인 박상용(피터), 김구연(잼마)의 시점이 혼재되어 있음을 양해 부탁드립니다.

졸필이지만 한 장 한 장 책장을 넘기며 청소년들의 변화와 성장 그리고 청소년들의 무한한 가능성과 에너지를 함께 느껴 보시길 바랍니다.

감사합니다.

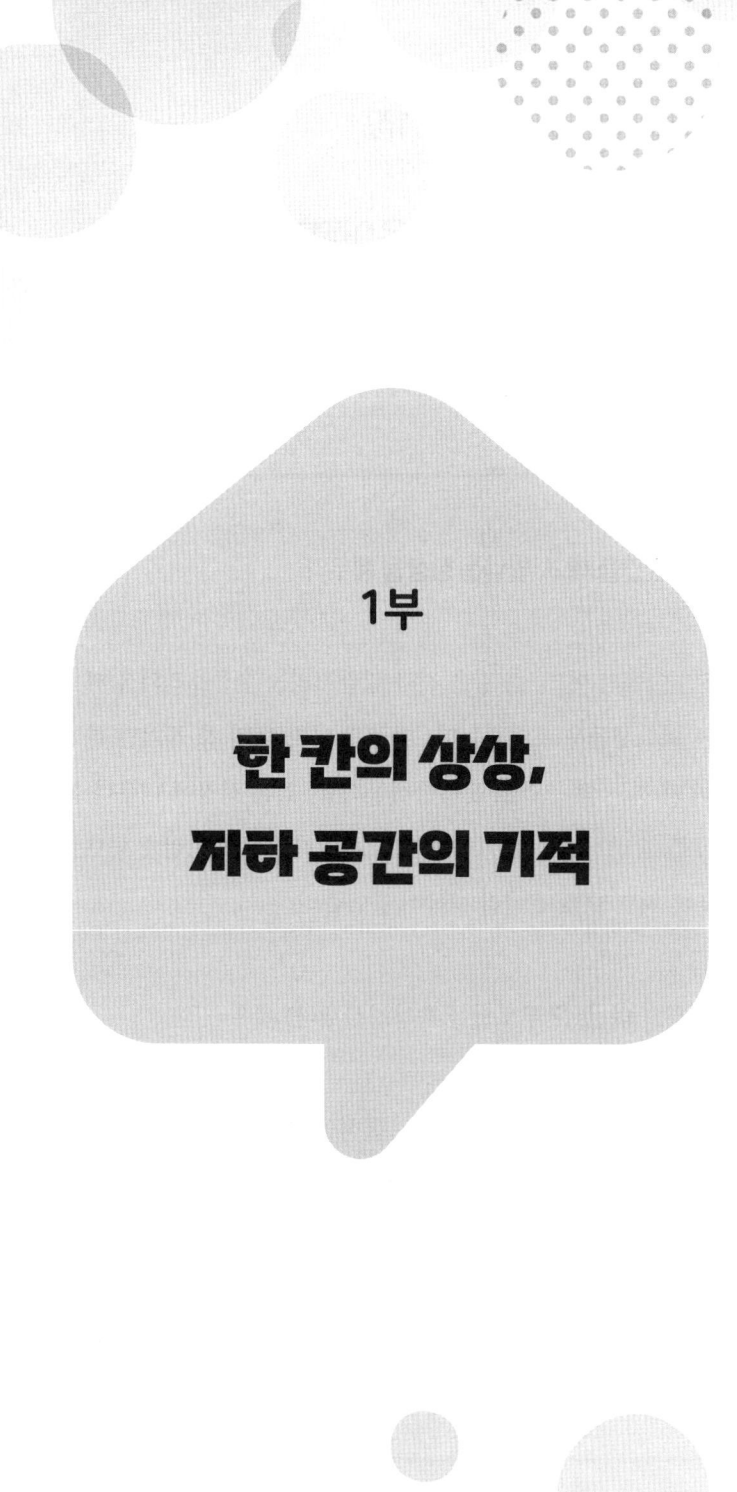

1부

탄 칸의 상상,
지하 공간의 기적

1장
......

상상이 자라는 공간은 어떻게 만들어졌나?
― 아무도 몰랐던 첫 시작의 기록

○ **낡은 편견을 깨고, 빛나는 상상을 세우다**

2005년 여름의 어느 날, 길을 걷다 깔깔거리는 웃음소리와 함께 지나가는 예쁜 여학생들을 보았습니다. 지금 돌이켜 보면 참 곱기만 한 모습인데, 그때의 저는 왜 그리도 못마땅했을까요. 짙은 화장에 너무나 짧은 교복 치마를 한 아이들을 보거나 우르르 몰려다니며 시끄럽게 떠드는 아이들을 보며 저도 모르게 이런 생각이 들었습니다.

"왜 저러고 다닐까? 부모님들 속상하시겠다. 에휴….”

제가 정한 기준에 맞지 않으면 보편적인 것이 아니라고 생각하고, 그 아이에 대해 아무것도 알지 못하면서도 저만의 잣대로 판단하고 있었던 겁니다.

당시 우리 부부는 평일에는 직장생활을 하고 주말에는 군부대, 소년원,

지역아동센터, 쉼터, 보육원 등에서 음악 선교라는 이름으로 청소년들을 위한 음악나눔 봉사활동을 하고 있었습니다. 지금 생각하면 그런 말도 안 되는 기준과 편견을 가진 채 봉사활동을 다녔다는 것이 참으로 부끄러운 일이 아닐 수 없습니다.

그러던 중 우리가 생각을 전환하게 된 사건이 일어났는데 그것은 '소년원'을 1~2년 정도 정기적으로 방문해서 그곳의 친구들을 만났던 일이었습니다.

만나기 전 사회에서 그들을 바라볼 때는 분명 '문제' 있는 청소년들이었습니다. 그런데 그곳에서 청소년들을 만나고 알아 가다 보니 그렇지 않은 친구들이 더 많았습니다. 오히려 어른들의 잘못된 행동이나 무관심 때문에 이곳에 있지 않아도 되는 친구들이 들어와 있는 경우가 많다는 것을 알게 되었습니다.

우리의 생각과 기준이 얼마나 편협하고 잘못되었는지 깨닫게 되었습니다. 그리고 우리를 비롯한 이 사회가 얼마나 많은 편견과 차별, 방치와 외면으로 청소년들에게 잘못을 저지르고 있었는지 알게 되었습니다. 마치 머리를 한 대 맞은 듯한 충격이었습니다.

그렇게 청소년들을 만나면서 우리 안에 무의식적으로 사리 잡고 있던 청소년에 대한 낡은 편견들이 산산이 부서지기 시작했습니다. 그동안 우리만의 잣대로 평가하고 저울질했던 수많은 청소년들에게 너무나 미안하고, 또 부끄러웠습니다.

"어떻게 하면 우리 청소년들을 지킬 수 있을까? 아니, 단 한 명의 친구라도 회복될 수 있도록 손잡아 줄 수 있을까? 이 친구들이 가장 어려운 시기에 곁에 누군가 함께 있어 주었더라면 이런 상황까지는 오지 않았을 텐데….”

이런 생각에 우리는 깊은 고민에 빠졌습니다.

고민 끝에 '우리가 살고 있는 우리 동네에서 우리가 할 수 있는 작은 것부터 해보자!'라는 생각에 이르렀습니다.

그리고 그때 함께 봉사활동을 하던 동료들과 의기투합하여 '토요음악교실'을 시작하여 주말마다 청소년들과 만나기 시작했습니다. 거창하게 홍보하지 않았음에도 생각보다 많은 청소년들이 찾아왔고, 심지어 음악에 목마른 어른들까지 합세해 공간은 늘 북적였습니다. 토요일 오후는 언제나 신나는 합주 소리와 청소년 친구들의 웃음소리로 가득했습니다. 소소하지만 행복하고 즐거운 시간이었습니다.

하지만 시간이 흐를수록 청소년들은 우리에게 작은 '불평'을 털어놓기 시작했습니다.

“선생님, 오늘(평일)은 거기 가면 안 돼요?”
“선생님, 오늘은 조금 더 있다가 가면 안 돼요?”
“선생님, 오늘은 악기 배우는 거 말고 친구랑 가서 놀아도 돼요?”

당시 우리를 비롯해 악기를 가르쳐 주시던 봉사자들은 평일에는 직장생활을 하고, 주말에 시간을 내어 사비로 간식을 준비하며 함께 섬기던 교회를 빌려서 청소년들을 만나고 있었습니다. 그렇기에 평일에 시간을 내는 것은 쉽지 않았습니다. 그럼에도 청소년들의 요청은 계속해서 마음에 깊은 울림으로 남아 고민하게 만들었습니다.

"평소에도 우리 친구들이 마음 편히 머물고 쉬고, 원하는 것을 마음껏 해 볼 수 있는 청소년들만의 공간이 있다면 얼마나 좋을까?"

그러나 몇 명 안되는 사람들이 공간을 만든다는 것은 꿈같은 생각이었습니다. 그리고 당시에는 청소년시설이라 하면 프로그램을 중심으로 하는 청소년수련관(지금의 청소년센터), 청소년문화의 집 등을 떠올리는 것이 보통이었고, '청소년공간'이라는 개념 자체가 생소했기 때문에 더욱 막막했습니다.

그때, 마치 하늘이 돕는 듯 고(故) 박원순 서울시장이 추진하는 '청소년 휴카페' 사업을 알게 되었습니다. 2012년에 시작된 '청소년 휴카페' 사업은 우리가 생각한 '자유로운 청소년들만의 공간'과 매우 흡사한 지원사업이었습니다. 다만, 이 사업은 3년 일몰제였고 지원예산도 매우 적었습니다. 게다가 이런 지원사업을 한 번도 해 보지 못한 우리 입장에서는 선정되는 것에 대한 확신도 없었습니다.

우리는 다시 한번 결단의 기로에 섰습니다. 하려고 한다면 누군가는 직장을 그만두고 이 일에 전념해야만 했습니다. 고민 끝에 '나중 일은 나중에 생각하자!'라고 결정하고 마음이 시기는 대로 움직였습니다. 아내가 먼저 직장에 사표를 내고 이 일에 온전히 뛰어들었습니다. 아무도 알아주지 않은 무모한 용기를 내어 첫걸음을 내디딘 것입니다.

당시 휴카페 사업은 주민 모임(5명)과 민간단체에 주는 지원금에 차이가 있었습니다. 기본적인 운영을 위해서는 민간단체 지원금이 절실했었기에 우리는 부랴부랴 비영리민간단체를 조직하고 최선을 다해 제안서를 작성하여 지원사업에 신청했습니다.

그리고 기적이 일어났습니다. 사업에 선정되어 청소년전용공간을 만들 수 있게 된 것입니다.

당시 청소년 휴카페 사업은, 공간의 기반은 제안 단체가 마련하고 운영에 대한 예산을 일부 지원받는 형태였습니다. 비유하자면, 차는 우리가 사고 기름값의 일부를 지원받는 형태였습니다.

아주 적은 예산이었지만 그래도 너무나 감사했습니다. 드디어 1318상상발전소라는 이름으로 청소년들의 꿈과 상상이 자라날 기반과 마중물을 얻었기 때문입니다.

○ 가방공장으로 사용되던 지하실의 변신

청소년공간을 만들기로 결심하고 장소를 찾아 나섰습니다. 청소년공간은 있는 것도 중요하지만 어떤 곳에 어떤 모습으로 있는 것도 중요하다고 생각했습니다.

그래서 우리는 장소를 찾으며 세 가지 기준을 세웠습니다.

첫 번째, 일부러 찾아가야 하는 것이 아니라 청소년들의 등하교 이동동선에 최대한 근접해 있을 것.

두 번째, 청소년들이 마음껏 떠들고 소리 질러도 눈치 보지 않아도 되는 곳.

세 번째, 넓지 않아도 내부에 기둥이 없이 시원하게 뻥 뚫려 있을 것.

아무것도 하지 않아도 되지만
무엇이든 할 수 있는 청소년공간이야기

이 세 가지 원칙을 세웠는데 그중에서 가장 중요한 것은 첫 번째 원칙인 청소년들의 이동동선에 최대한 근접해야 한다는 것이었습니다. 왜냐하면 청소년공간은 어떤 프로그램에 참여하기 위해 일부러 시간 내서 방문하는 곳이 아니라 '아지트'처럼 짧게라도 자유롭게 방문하여 '아무것도 하지 않을 권리'를 누려야 하는 곳이기 때문입니다.

인근의 학교를 중심으로 최적의 구역을 선정한 후 구체적 장소를 물색하기 시작하였습니다.

매일같이 부동산을 들락거리며 발품을 판 끝에 조건에 딱 맞는 장소를 찾았습니다. 중랑구 묵동에 가방공장으로 사용되던 지하실이었는데 지하임에도 습기나 곰팡이 냄새가 전혀 나지 않았고, 등하교하는 학생들이 지나는 길목에 있었으며 옆 건물이 상가여서 마음껏 떠들어도 민원이 들어올 염려가 없어 보였기 때문입니다.

하지만 딱 한 가지 문제가 있었는데 그것은 비싼 임대료였습니다. 지하였지만 임대료는 지상에 맞먹는 수준이었습니다.

당시는 휴카페 사업에 선정될지도 모르는 상황이었기에 덜컥 공간을 계약했다가 만약 선정되지 않는다면 큰 빚을 떠안는 건 아닐까 겁도 나고 고민도 되었습니다.

그래도 돈키호테처럼 "될 거야!"라는 믿음으로 과감하게 계약서에 도장을 꾹 찍었습니다.

계약서에 도장을 찍고 나니 두 번째 걱정이 생겼습니다. 바로 아들이었습니다.

아들은 그때 당시 중학교 2학년이었는데 우리가 이 지역에서 이런 공간을 만들고 청소년들을 만난다면 아들이 다니는 학교에도 알려질 것이고 그로 인해 어쩌면 알지 못하는 타인의 원치 않는 관심을 받으며 창살 없는 감옥에 갇혀 힘든 삶을 지낼 수도 있겠다는 염려가 생겼습니다.

일어날 수 있는 모든 다양한 일들에 대해 아들과 대화를 나누었습니다. 그리고 아들이 허락하지 않는다면 고등학교 졸업까지는 잠시 공간운영을 미뤄야겠다는 생각도 했습니다.

이야기를 듣고 며칠이 지난 후 아들은 고맙게도 "하셔도 괜찮을 것 같습니다"라는 답을 주었습니다. 그뿐만 아니라 전문 인테리어 업체에 맡길 예산 따위는 엄두도 내지 못했던 우리를 보고 친구들과 함께 공간을 꾸미고 만드는 일에 동참해 주었습니다.

참 감사한 일이었습니다.

○ '청소년의 손으로 만든' 마법 같은 공간

먼저 벽에 흰색 페인트를 바르고 청소년들이 고른 색으로 덧칠했습니다. 그리고 아이들은 벽 곳곳에 자기들만의 상상력을 펼쳐 그림을 그렸습니다. 서툰 솜씨였지만 그림들이 모여 자유로운 청소년공간의 분위기를 만들었습니다.

바닥에는 난생처음으로 타일을 깔았습니다. 시장에서 타일과 재료를 사고 인터넷으로 방법을 배워 나름 '고급스러운 느낌'을 내 보려고 했습니다. 해 보니 생각보다 어렵지 않았지만 지하에서 타일 본드 냄새는 너무 괴로웠습니다. 전문가는 하루면 끝났겠지만 3일이나 걸려 완성했습니다. 그래도 '나도 할 수 있잖아?'라는 자신감을 얻었습니다.

메인홀에는 중고 포켓볼대(나름 국제규격입니다)를 설치하였는데 청소년들의 최애 아이템이 될 것이라는 확신이 생겼습니다.

벽을 따라 긴 벤치의자를 놓아 편하게 앉아 쉴 수 있도록 했고 한쪽으로는 작은 격실을 만들었습니다. 격실은 처음에는 소그룹 모임을 위해 만든 것이었지만, 실제 운영에서는 밴드실과 댄스실 겸 노래방으로 둔갑했습니다.

격실은 방음시설이 되어 있지 않았기 때문에 청소년들이 노래를 부르면 메인홀까지 노랫소리가 쩌렁쩌렁하게 들렸는데 그 소리를 듣고 홀에 있는 친구들도 함께 노래를 부르곤 했습니다. 그래서 외국가수들이 내한 공연을 와서 감탄하는 '떼창'이 매일매일 울려 퍼지는 감동의 현장이 펼쳐지곤 했습니다.

> 부족한 예산으로 청소년공간을 만들고 있다는 걸 아시고 정영삼 대표님(창조천막)께서 직원분들과 함께 오셔서 긴 벤치의자, 미니다락방, 소그룹을 위한 칸막이를 만들어 주셨습니다. 이 글을 쓰며 돌아보니 정말 우리가 아닌 여러 분들의 정성과 함께함이 있었기에 가능했음을 새삼 느껴 감사한 마음뿐입니다.

그렇게 페인트칠하고 붙이고 닦고 쓸다 보니 어느덧 어두컴컴했던 가방공장은 그 누구도 아닌 청소년들의 손으로 환하고 생기 넘치는 청소년공간으로 변신하였습니다.

모든 걸 우리의 손으로 직접 해야 했고 어설픈 인테리어였지만 지금 생각해 보니 참 따뜻하고 편안함을 주는 공간이 되었습니다.

그곳에서 우리는 웃고 울고 뒹굴었으며 수많은 라면과 김치볶음밥을 나누며 진정한 '공동체'가 되어 갔습니다. 청소년들은 벽이나 책상 등 곳곳에 자신들의 흔적을 남기며 그곳을 자신들만의 공간으로 만들어 갔습니다.

몇 년 뒤에 공간을 이전해야 하는 상황이 생겼고 그때는 지원사업으로 예산을 확보하여 전문업체를 통해 멋지게 인테리어를 했지만 아이들은 어설프고 거칠지만 처음 자신들이 만든 공간을 더 애정하고 그리워했습니다. 왜냐고요? 본인들이 만든 본인들의 공간이기 때문입니다.

아무것도 하지 않아도 되지만
무엇이든 할 수 있는 청소년공간이야기

예쁘고 멋지게 만들어진 새로운 공간을 보며 이렇게 말합니다.

"예쁘긴 한데… 편하게 하면 망가질까 봐… 더러워지면 안 될까 봐... 조금 불편해요."

그러고는 어설프고 거칠지만 자신들이 직접 만들었던 공간을 더 그리워하곤 했습니다.

여기에 공간에 대한 답이 있습니다.
청소년공간은 어떤 좋은 시설이나 예쁘고 세련된 인테리어, 또는 최신 콘텐츠가 우선이 아닙니다. 물론 그런 것도 필요하지만 더 중요한 것은 그곳에 어떻게 '청소년들의 소리와 마음이 담기고 참여하였는지 그리고 그들의 손길이 묻어 있는지?'가 최우선입니다.

○ 상상을 믿는 사람들: 중랑 마을 사람들

기적처럼 가방공장을 청소년들의 아지트로 바꿔 놓고, 연간 만 명이 넘는 청소년들과 부대끼며 행복한 시간을 보낸 지 3년! 신나게 공간을 운영하던 때였습니다.
"이제 좀 자리를 잡았나?" 싶던 순간 예상치 못한, 아니 사실은 알고 있었지만 설마 했던 그림자가 드리워졌습니다.
그것은 바로 '지원종료'라는 통보였습니다.

서울시 휴카페 사업이 '3년 일몰제'라는 건 알고 있었지만, 내심 우리가 제대로 운영해서 청소년들에게 꼭 필요한 곳이라는 것을 증명한다면 계속 유지될 수 있을 것이라는 작은 희망을 갖고 있었습니다.

당시 1318상상발전소는 청소년휴카페 우수사례로 서울시 홈페이지에 소개되었고 각종 방송매체에서 취재와 인터뷰를 하는 등 우수한 운영과 성과를 인정받고 있었습니다. 그래서 걱정도 했지만 근거 없이 낙관적인 기대도 가지고 있었습니다. 그런데 '지원종료' 통보가 현실로 다가오니 가슴이 철렁 가라앉았습니다.

사실 연간 2천만 원의 지원금은 인건비는커녕 겨우 임대료와 운영비를 충당하기에도 턱없이 부족한 액수였지만 그럼에도 공간을 유지하는 데 꼭 필요한 단비 같은 지원금이었기에 그것마저 중단된다니 눈앞이 캄캄해졌습니다.

지원중단 소식이 전해지자 청소년들이 먼저 움직였습니다. 거리에 나가 청소년공간 유지를 위한 서명캠페인도 벌였습니다. 그리고 당시 공간에서 자원봉사하던 서울여대 학생들도 지원연장에 대한 탄원서를 서울시에 전달하기도 했지만 야속하게도 방침은 바뀌지 않았고 결국 지원은 최종 중단되었습니다.

안타깝고 막막한 마음이 들었습니다.

어떻게 해야 하나 하는 고민이 생겼습니다.

"이걸 계속 유지하는 게 맞을까? 아니, 유지할 수 있을까?"

우리가 막막함 속에서 깊은 한숨을 쉬고 있을 때, 놀랍게도 지역과 마을이 움직이기 시작했습니다. 이른바 '연대의 힘'이 발휘되기 시작한 것입니다.

예산이 중단되고 공간의 존폐 위기가 알려지자 갑자기 공간을 방문하는 어른들의 발걸음이 늘어나기 시작했습니다.

누군가 불쑥 들어와 라면 몇 박스를 들고 와서 놓고 가시기도 하고 또누군가는 조심스럽게 들어오셔서 수줍게 봉투를 전하고 도망치듯 가시기도 했습니다. 지금 생각해도 너무 감사하고 기적 같은 일입니다.

또한 운영이 어렵다는 소식을 들으신 한 재즈빅밴드 단장님은 대뜸 "우리 팀이 재즈빅밴드공연을 재능기부할 테니 티켓을 판매하여 운영에 보태라"고 말씀하셨습니다. 사실 빅밴드의 단장님은 개인적인 친분이 있지도 않았고 오가며 몇 번 얼굴을 뵌 정도일 뿐이었는데 청소년들을 사랑하는 마음으로 자청해서 봉사해 주신 것입니다. 그래서 2016년에 중랑구 최초로 20인조 재즈빅밴드공연을 진행하기도 했습니다.

이 외에도 '청소년들의 상상'을 믿고 '회복'을 진심으로 바라는 중랑의 많은 분들이 마음을 모아 주셨습니다. 그분들은 단순히 돈이나 물품을 후원하신 것이 아니라 청소년들의 상상과 미래 그리고 꿈을 위한 발걸음에 동참하신 것입니다.

이러한 마음 덕분에 우리는 '지원중단'이라는 위기를 넘길 수 있었습니다.

> 공간 운영 처음에는 지역연대기반이 매우 약했지만 시간이 지나면서 청소년공간에 대한 공감대가 커졌고 여러모로 연대와 협력이 강화되었습니다.
> 지역의 연대는 단순히 재정적인 면에 그치는 것이 아니라 활동의 연계, 사람의 연계, 경험의 연계로 확장되었습니다.

지역에서 인턴십을 경험하고 지역의 활동에 당사자로 참여하고 청소년의 목소리를 전할 수 있는 기회를 만들어 함께 하는 등 지역사회의 연대의 힘은 점점 넓어져 가고 있습니다.
(근래에는 2024년 세월호 10주기 중랑기억활동에서는 우리 청소년들이 함께 기억활동을 진행하였습니다.)

○ 기적을 만들다
─ 함께 키우는 청소년/지역이 만드는 청소년공간

첫 번째 위기를 넘긴 지 1년여 즈음이 지났을 때 또 다른 위기가 닥쳐 왔습니다. 이번에는 우리가 청소년공간으로 운영하던 건물의 사장님께서 지하를 다른 용도로 직접 사용하겠다고 계약연장 불가를 통보하신 것입니다.

생각지도 못했던 청천벽력 같은 일이었습니다. 운영을 계속하느냐 마느냐 하는 것과는 차원이 다른 문제였습니다.

이미 정들고 자리를 잡은 이곳 '청소년공간'을 포기하고 새로운 공간을 물색해야 하는 것도 아쉽고 어려웠지만, 또다시 큰 문제는 예산이었습니다.

처음 청소년공간을 시작할 때보다 주변 건물의 보증금과 월세가 상승하였기 때문에 현재 가진 보증금으로 감당하기 어려웠습니다.

또한 지금의 청소년공간을 리모델링할 때도 예산이 없어 거의 모든 작업을 스스로 했었는데, 다시 현재 공간을 원상복구하고 새로 옮겨가는 공간의 인테리어 비용을 마련해야 한다니….

당시 상황에서는 도저히 감당할 수 없는 금액이었습니다.

고민 끝에 다시 한번 지역에 호소하기로 했습니다.

먼저 새로운 공간의 보증금 마련을 위해 '출자'를 요청하였습니다. 지난 번과 같이 연대의 힘을 기대하기도 했지만 "과연 사람들이 함께해 주실까?" 하는 반신반의한 마음이 더 컸습니다.

결과는 "과연 될까?" 하는 마음으로 염려했던 우리가 부끄러워질 만큼 놀라웠습니다. 기적적으로 필요한 보증금과 이사 비용이 모두 충족된 것입니다.

안면과 인연이 있는 분부터 이름도 얼굴도 전혀 모르는 분들까지 오직 청소년들의 행복과 안전을 위해 기꺼이 본인의 것을 나누어 마음을 모아 주셨습니다.

기대와 염려가 공존했었으나 모든 상황을 기적으로 바꿔 주신 모든 분들께 이 자리를 빌려 다시 한번 감사드립니다.

한숨 돌리고 나니 이제 내부 인테리어 비용이 필요했습니다.

그때였습니다. 마치 운명처럼 사회복지공동모금회에서 '지역사회 청소년관련 센터 지원사업' 공고를 보게 되었습니다.

시설의 개보수 및 인테리어를 할 수 있도록 지원하는 사업이었는데 보는 순간 "우리를 위한 것인가?" 하는 생각이 번뜻 들었고 밤낮으로 열심히 제안서를 작성하였습니다.

전국에서 제출된 엄청난 제안서 중에서 10여 기관이 선정되는 사업이었는데 1318상상발전소가 최종선정이 되었습니다.

정말 '놀라운 기적!'이었습니다.

이게 왜 '놀라운 기적'이냐고요?

1318상상발전소는 취약계층 등 특정계층의 청소년만을 지원하는 사회복지기관과는 달리 모든 청소년들에게 보편적 복지와 돌봄을 제공하고 있습니다. 그래서 이전에도 취약계층이나 특정계층 지원 중심 사업을 진행하는 사회복지공동모금회 사업에 여러 번 신청했으나 단 한 번도 선정된 적이 없었습니다. 그런데 이번에 정말 절실하게 필요했던 순간에 지원한 것이 '기적적'으로 선정된 것입니다.

사회복지공동모금회의 '지역사회 청소년관련 센터 지원사업'은 1318상상발전소가 선정된 2018년 이후로는 다시 진행되지 않았습니다. 그리고 필자가 알기로는 2018년 이전에도 이런 사업은 진행된 적이 없습니다. 정말 필요할 때 딱 한 번 진행된 사업이고 기적적으로 선정되었기에 더욱 놀랍고 감사한 일입니다.

마치 1318상상발전소에서 청소년공간을 시작할 때 '휴카페사업'이 나타난 것처럼 새로운 공간으로 이전해야 하는 절박한 시기에 '지역사회 청소년관련 센터 지원사업'이 나온 것입니다.

우리가 믿는 신앙을 기준으로 보면 여호와 이레(하나님께서 예비하셨다)라고 밖에 설명할 수 없는 기적 같은 일입니다. 딱 필요할 때, 우리가 할 수 있도록 모든 것을 예비해 주셨습니다.

2018년 지역사회 청소년 관련 센터 지원사업과 여러 분들의 동참으로 처음 공간을 운영하며 아쉬웠던 밴드실/노래방 방음, 댄스실 거울, 주방 및 회의실 그리고 청소년들이 가장 사랑하는 2층 다락방까지 곳곳에 청소년들의 의견을 반영하여 내부를 꾸밀 수 있게 되었습니다.

아무것도 하지 않아도 되지만
무엇이든 할 수 있는 청소년공간이야기

비록 청소년들이 직접 페인트칠하고 타일을 깔았던 첫 공간처럼 '내 손으로 직접 만든 곳'은 아니지만 청소년들의 필요와 요구가 모두 반영된 새로운 청소년공간이 탄생한 것입니다.

1318상상발전소는 취약계층에 속한 특정 청소년들만을 위한 곳이 아닙니다. '모든 청소년들은 동등한 대우를 받을 권리가 있다'는 기본 원칙 아래 아무런 편견 없이 모든 청소년들과 함께합니다.

이러한 우리의 철학은 외부 지원사업을 받는 데 종종 어려움으로 작용합니다. 한정된 예산을 특정 계층이나 목적에 맞춰 사용하려는 지원사업의 방향성과, 모든 청소년에게 보편적 복지와 돌봄을 제공하려는 우리의 활동 방식이 다르기 때문입니다. 그럼에도 우리는 청소년들의 요구와 바람을 외면하지 않기 위해 이곳저곳의 문을 두드리고 있습니다.

지원 기관들이 후원 예산을 소중하게 사용하고자 하는 취지를 충분히 이해합니다. 하지만 우리는 모든 청소년이 차별 없이 자유롭게 성장할 수 있도록 돕는, 우리와 같은 생각을 가진 기관들이 마음껏 활동할 수 있는 지원체계가 마련되었으면 하는 바람을 가져 봅니다.

특정 계층에 국한하지 않고, 모든 청소년들의 가능성을 응원하는 것. 그것이 바로 1318상상발전소가 꿈꾸고 바라는 청소년 지원의 방향입니다.

이처럼 청소년의 상상을 믿는 모든 분들의 마음과 염원이 모여 1318상상발전소의 청소년공간은 만들어지고 여러 번의 위기를 극복하고 지금까지 굳건히 유지되고 있습니다.

처음에는 돈키호테처럼 혼자 꿈꾸고 발 동동 구르며 몸부림쳤지만, 이제는 지역사회의 많은 분들이 함께 고민하며 함께 만들어 가는 청소년들의 공간이 되었습니다.

2장
......

공간이 청소년에게 말을 걸다!

○ 청소년공간의 본질, '비움'과 '그냥'의 가치

청소년공간의 본질은 거창한 프로그램이 아니라, 그저 머물 수 있는 공간을 제공하는 것입니다.

청소년들이 힘들어하는 이유는 프로그램이 없어서가 아닙니다. 이미 청소년들을 위한 프로그램이 넘쳐 나고 있습니다. 그럼에도 힘들어하고 어려움을 겪는 청소년들이 많은 것은 프로그램의 유무가 청소년들을 돕는 모든 것이 아니라는 것을 반증하고 있습니다.

그렇기 때문에 청소년공간은 무엇을 하기 위해 방문하는 곳이 아니라 그저 그곳에서 쉼, 회복, 평안함이라는 기대를 갖게 하는 공간이어야 합니다.

청소년지도자들이 때로는 아빠와 엄마가 되고 때로는 형과 언니가 되어 청소년들을 만나야 합니다.

'비움'이라는 단어가 요즘 핫합니다.

청소년공간도 그 비움의 한 부분입니다.

공간 자체에서 복잡한 마음을 비우고 부담을 내려놓고 쉼을 통해 회복하여 힘을 받아야 합니다. 그리고 그 힘을 바탕으로 무언가 도전을 할 수도 있습니다.

그러나 기본값은 '아무것도 하지 않아도 되는 것'입니다.

아무것도 하지 않는다고 하면 그곳이 왜 필요한지 되묻는 분들이 있습니다.

특별한 목적과 방향성을 요구하는 분들도 계십니다.

물론 목적과 방향성도 필요하겠지만 그 표현방식이 꼭 프로그램이나 사업일 필요는 없습니다.

청소년센터, 기관 등 어디를 가든지 프로그램이나 과정에 참여해야만 합니다. 참여하지 않으면 그 공간, 그 센터에 갈 수가 없습니다. 간다 하더라도 뻘쭘한 이방인이 되고 결국은 참여라는 선택을 할 수밖에 없습니다.

1318상상발전소가 시작된 이유가 바로 이 '비움'에 있습니다. 정해진 틀에 참여해야만 하는 다른 기관들과 달리, 우리는 청소년들이 이방인이 되지 않고 마음 편히 머물 수 있는 공간을 만들었습니다. 그리고 원한다면 무엇이든 해 볼 수 있는 자유를 주었습니다.

아무것도 하지 않아도 마음 편하게 머물 수 있는 공간!

그렇지만 원한다면 무엇이든 할 수 있는 공간!

그것이 바로 우리 청소년공간의 정체성입니다.

○ 눈에 보이지 않는 진짜 가치

겉으로 보기에 우리의 활동은 다른 청소년센터와 크게 다르지 않아 보일 수 있습니다. 하지만 분명한 차이점은 어른들이 기획한 프로그램이 아니라 청소년들의 필요와 요구에 의해 모든 것이 만들어진다는 점입니다. 다른 곳의 활동이 주어진 틀에 수동적으로 참여하는 것이라면, 우리는 청소년들이 스스로 기획하고 운영하며 참여하는 능동적이고 자발적인 활동을 추구합니다.

이러한 본질을 갖고 1318상상발전소가 시작한 청소년공간을 모델로 자치구에서는 '딩가동'이라고 하는 청소년공간을 설립하였고 2025년 현재 서울 중랑구에 5개소가 운영되고 있습니다. 1318상상발전소는 이 중 2개소를 위탁운영하며 가치와 방향성을 공유하고 있습니다(중랑구청소년커뮤니티공간은 2026년에 1개소가 추가되어 중랑구에는 총 6개 공간이 운영될 예정입니다).

어떤 사람들은 우리만의 자부심이라고 아니면 착각이라고 비웃을지도 모르지만 우리는 지금 중랑구에 청소년들이 머물 수 있는 청소년공간이 많이 설립되어 청소년들의 삶의 질 향상에 도움을 준 것에 대해 1318상상발전소가 모델과 계기가 되었다는 자부심을 갖고 있습니다.

오랜 시간 버티고 지역사회 주민들과 힘을 합쳐 만들어 온 긍지가 있습니다.

그런데 아직도 이 청소년공간의 본질에 대해 이해하지 못하는 분들이 너무나 많습니다.

더 많은 프로그램, 더 좋은 시설, 교육, 성과를 말하는 분들이 너무나 많습니다.

그래서 우리는 더 강하게 외치고 싶습니다.

청소년공간은 청소년들과 삶을 나누는 곳이고 마음을 나누는 곳이며 그 가치는 숫자로 환산할 수 없습니다.

청소년공간은 얼마의 예산을 투입했으니 얼마의 실적을 내야 하는 양적 효율성을 논하는 곳이 아닙니다. 양적 효율성을 논하는 이러한 판단이 잘못되었다고 확신 있게 말할 수 있는 것은 우리가 지키고자 하는 방향성으로 유지되는 이 공간을 통해 적은 것 같지만 많은 청소년들이 회복되고 살아나고 있기 때문입니다.

자존감을 잃은 친구들이 회복되고 있으며 방향을 잃은 친구들이 길을 찾고 있습니다.

청소년공간이 많은 프로그램이나 교육, 활동을 주지 않더라도 단지 공간을 제공해 주고 공감해 주고 위로해 주는 것만으로도 청소년들은 회복하고 성장하고 있습니다.

그런데 이것은 숫자나 수치로 표현하기 쉽지 않습니다.

그러니 제발 청소년공간의 가치를 숫자로 평가하지 말기를 바랍니다.

효율적이고, 교육적이고, 뭔가 가시적인 결과가 나와야 하는 그런 곳으로만 바라보면 안 됩니다.

그냥 청소년공간입니다.

어떤 분들은 공간에서 어떤 결과가 나오는지 그것을 좇고 그것만이 가치 있는 것으로 생각하기도 합니다.

그런데 그렇지 않습니다. 공간 자체로 의미가 있습니다.

송길영 박사님의『그냥 하지 말라』라는 책을 읽은 적이 있습니다.

한 줄 요약해 보면

'관습적으로 '그냥' 행동하지 말고 내가 하는 모든 행동과 말에 메시지와 의미를 담아야 한다'는 것으로 이해했습니다.

그 주장에 동의가 되어 때때로 나에게 주어지는 발언기회의 소중함을 인식하게 되었고 누군가에게 하는 행동과 언행을 신중하게 하려 애썼습니다.

그러던 중 어느 날 지역에서 활동하시는 분과 우리 기관의 청소년활동과 방향에 대한 이야기를 나눌 기회가 있었습니다.

그분은 쭉 들으시더니 "운영과 활동이 너무 좋지만 운영자가 가진 가치관을 반영하고 사회적 메시지를 전하는 교육적 측면이 조금 약한 것 같으니 그 부분을 강화하면 좋을 것 같다"는 말씀을 하셨습니다.

"네 알겠습니다. 조언 감사합니다" 하고 헤어졌는데 그 후에 앞에 말한 『그냥 하지 말라』라는 책이 떠올랐습니다. 그리고 묘한 반감이 일어났습니다. 물론 책이나 저자에 대한 것은 아니고 단순히 '제목'과 이야기를 나누었던 그분의 조언에 대한 반감이었습니다.

그냥 하지 않는 것이 좋고 필요하고 인정하지만 청소년활동만큼에는 의미를 부여하지 않고

'그냥 하면 안 되나?'

꼭 모든 활동에 특별한 의미를 부여하고 그것으로부터 무엇인가를 얻어야만 하나?

굳이 우리가 과도하게 의미를 부여하지 않아도 그들이 그 활동과 선택에서 각자가 무언가를 발견하면 되는 것 아닌가?

꼭 우리가 가진 생각을 주입(?)해야 하나?

어른들이 생각하는 유의미한 것을 발견하지 않았더라도 청소년들이 그 시간을 통해 즐겁고 기쁨과 회복을 얻었다면 그 자체로 의미가 아닐까 하는 생각이 들었습니다.

공간과 활동에 과도한 의미를 부여하지 않아도 그 자체로 의미가 있습니다.

만약 우리 어른들이 알고 있는 기준으로 공간을 바라보고 평가한다면 지금의 생동감 넘치고 살아 움직이는 청소년들만의 공간은 힘을 잃게 될 것입니다.

그곳에서 청소년들과 삶을 나누는 청소년지도자들도 힘을 잃게 될 것입니다.

평가와 실적이 아니라 본질을 중심으로 청소년들의 회복과 삶을 바라보아야 합니다.

우리 스스로도 이러한 단순한 가치와 본질을 지키기 위해 실적과 프로그램, 그럴듯한 모양의 모임 등을 만들려는 유혹을 떨쳐 내기 위해 몸부림처 왔습니다.

이미 청소년들은 학교에서 학원 또는 그 밖의 다양한 시설이나 기관에서 무엇을 하도록 압박받고 있습니다.

압박이나 강요하지 않아야 합니다.

그렇게 하지 않아도 청소년들은 충분히 스스로 잘 해낼 수 있습니다.

청소년공간은 사람이 사람을 만나 정과 마음을 나누는 곳입니다. 함께 만들어 가는 곳이며 청소년들이 매일매일 조금씩 성장하는 곳입니다.

또한 청소년들이 이 공간에서 힘을 받아 의욕을 갖고 무언가 도전하고자 한다면 열심히 할 수 있도록 지원하고 함께해 줘야 합니다.

○ 공간은 마음을 담는 그릇이 될 수 있을까?

서두에서도 잠깐 언급했지만 '청소년공간은 무엇인가?' '무엇을 해야 하는가?'에 대해 항상 고민하고 있습니다.

"아이들을 위해 프로그램을 개발하여 제공해야 하나?"

"좋은 기자재를 도입해서 경험할 수 있도록 해야 하나?"

"넓은 공간을 만들어 줘야 하나?"

"권장도서를 구비하여 지식의 폭을 넓힐 수 있도록 해야 하나?" 기타 등등

여러 생각을 해 보지만 처음 했던 그 생각, 즉 "아무것도 강요하지 말고 부담 없이 함께할 수 있는 공간을 만들어 주자!"라는 처음의 본질적인 생각을 넘어설 수 없었습니다.

1318상상발전소는 연령(만 13~18세)을 제외하고는 이용대상에 제한이 없기에 다양한 청소년들이 방문합니다. 그중에는 활발한 아이도 있고, 있는 듯 없는 듯 조용한 아이도 있습니다. 그 안에서 '누구나'라는 대명제를 충실하게 실천하고자 하고 있습니다.

지무(가명)는 우리 공간을 방문하던 조용한 청소년이었습니다. 구분을 한다면 있는 듯 없는 듯 조용한 아이에 속합니다. 그 청소년은 몇 년간 공간을 이용하며 자신만의 자리에서(주로 자리하는 구역이 있었습니다) 시간을 보내곤 했습니다.

강요하지 않는다는 우리 공간의 기본 원칙이 있었기에 그 친구에게 활동에 대한 권유는 했지만 어떤 것을 배우거나 활동에 참여할 것을 강요하지는 않았습니다.

지무는 본인이 원하는 활동에는 참여했으나 대부분은 공간에 와서 자신만의 시간을 보내곤 하였습니다. 우리는 그 청소년을 웃음으로 맞이하고 함께 시간을 나누었습니다.

어느덧 시간이 지나 지무가 고등학교를 졸업하게 되었는데 어느 날 조용히 다가와 이런 말을 했습니다.

"선생님! 만약 '청카'(청소년들은 1318상상발전소를 짧게 청카(청소년 카페)라고 부르곤 합니다)가 없었다면 저의 청소년 시절이 어떻게 되었을지 모르겠어요. 저는 '청카' 덕분에 무사히 청소년 시기를 잘 보내고 졸업해서 사회에 새로운 도전을 할 수 있게 되었습니다. 감사합니다."

굉장히 감사한 말이었는데 듣는 순간 '띵!' 하는 느낌이 들었습니다.

"우리가 어떤 것을 이 친구에게 해 주었지?"라는 생각이 들었고 이런 말을 듣기에는 '부끄럽다'라는 생각이 들기도 했습니다. 우리는 그저 함께 있어 줬고 함께 웃어 줬을 뿐인데….

알고 보니 그 청소년은 중학교 때 부모님이 이혼하시고 아버지와 살고 있었습니다. 집의 경제적 상황은 어려움이 없었으나 민감한 중학생 시기에 어머니의 부재를 경험한 아이는 심리적 타격을 받았고 학교 공부를 비롯한 어떤 것에도 마음을 두지 못하고 방황하고 있었습니다.

그런데 1318상상발전소 청소년공간에 오면서 심리적 안정감을 느낀 것입니다. 특별한 프로그램도 활동도 많이 진행하지 않았고 단지 마음을 나누었고 학교에서나 친구들과 있었던 일을 함께 수다 떨었을 뿐인데 그것이 가장 크고 전부였던 것입니다.

이 청소년은 고등학교 졸업 즈음에 자신의 진로에 대한 결정을 내리고 사회로 진출하여 전문영역에서 성실한 사회인으로 살아가고 있습니다. 그리고 졸업 후에도 꾸준하게 왕래하며 교제하고 있습니다.

청소년공간이 어떤 곳이냐고 물으신다면 위의 사례에서도 알 수 있듯이 심리적으로 가장 어렵고 힘든 청소년 시기에 부담 없이 곁에 있어 마음을 나누고 그 시기를 넘길 수 있도록 언덕이 되고 함께 있어 주는 곳이라고 말하고 싶습니다.

의외로 많은 청소년들이 누군가 곁에 있고 대화를 나누는 것만으로도 그 시기를 넘길 수 있는 경우가 많습니다. 물론 여러 가지 프로그램이나 활동으로 회복과 변화가 일어날 수 있습니다. 그러나 그것이 아니더라도 단지 옆에서 함께 공감해 주는 것만으로도 충분히 청소년들은 회복하고 일어설 수 있습니다.

누군가는 활동이 중요하고 누군가는 교육이 중요하다고 말을 합니다. 그런데 우리는 곁에 있어 주는 그 행위가 의미 있는 활동이며 어느 누구에게도 하지 못하는 말을 함께 나누는 그 일이 교육이라고 생각합니다.

그리고 그 생각은 틀리지 않았다고 확신합니다.

우리는 청소년공간은 청소년들과 함께 그렇게 존재해야 한다고 생각합니다.

○ 여기 뭐 하는 곳이에요?

어른이나 청소년을 막론하고 우리 공간에 처음 들어서면 묻는 질문이 있습니다.

"여기 뭐하는 곳이에요?"

그것은 청소년공간이라는 곳이 아직 낯설기도 하고 보통은 어느 곳을 가면 무엇을 해야 한다는 고정관념이 있기 때문입니다.

예를 들어 식당에 가면 밥을 먹고 학원에 가면 공부를 하고 병원에 가면 치료를 받는 것과 같이 보통 모든 공간은 그 활동의 목적이 있고 그것을 하기 위해 가는 곳이기에 '이 청소년시설은 무엇을 하는 곳일까?'라는 궁금증이 있는 것 같습니다.

"여기는 청소년공간이고 아무것도 안 해도 되는 곳이야. 부담 없이 편안히 쉬기도 하고 놀기도 하면 된다"라고 말을 하면 낯설고 어색한 몸짓으로 들어와 자리를 잡습니다.

잠시 경계를 하다가 "노래방 가도 돼요?" "간식 먹어도 돼요?" "보드게임 해도 돼요?" 등 다양한 질문을 하기 시작하고 아주 짧은 시간 내에 공간을 자신들의 것으로 만들고 적응하는 것을 보게 됩니다.

어른들은 청소년 시기에 공부를 하고 사회에 나갈 준비를 해야 하는데 이런 청소년공간에서 아이들이 놀기만 하고 시간을 낭비한다고 걱정하시기도 합니다. 때로 일부 보호자분들은 청소년공간에서 쉬고 놀고 있는 자녀들에게 공부 안 하고 쓸데없는 짓을 한다며 못마땅해하시고 불러내시는 경우도 있었습니다.

매우 안타까운 일입니다.

그런데 우리는 청소년들이 그 시기에 잘 놀아야 잘 성장할 수 있다고 생각합니다. 여기서 잘 논다는 것은 스스로 결정하고 생각한 모습으로 시간을 보내고 친구들과 함께 행동하는 것을 의미합니다.

청소년들에게 시간의 자율권을 내어 주게 되면 비록 처음에는 잘되지 않지만 스스로 시간을 조정하며 친구들과의 공동체 관계를 형성하고 그들만의 고유한 것을 만들어 가는 것을 볼 수 있습니다. 그리고 그런 과정을 반복하며 서로서로 성장하고 변화해 갑니다.

비록 우리가 생각하는 것보다 조금 느릴지 몰라도 상관없습니다. 느릴 뿐이지 중단되고 멈추는 것은 아니기 때문입니다.

○ 8시 30분의 아이
— 문을 여는 용기 "그냥 왔어요"

1318상상발전소 청소년공간의 운영시간은 초기에는 낮 12시부터 밤 10시까지였고 장소를 이전한 후에는 낮 12시부터 밤 9시까지입니다. 하교 후 공간을 찾거나 학원이나 방과 후 활동으로 인해 늦은 시간에만 올 수 있는 친구들을 위해 운영시간을 늦게까지 하고 있습니다.

예민(가명)이는 인근 중학교에 다니는 친구입니다. 성격도 활발하고 가정환경도 화목합니다. 가족 일이 많아서 공간의 활동에는 많이 참여하지는 못하지만 늘 관심이 있고 공간의 누구와도 스스럼없이 지내고 있습니다.

이 친구가 기관의 선생님들이나 친구들과 편하게 잘 지낼 수 있는 이유는 별일 없어도 공간을 '내 집처럼' 드나들기 때문입니다.

이 친구는 매일 저녁 8시 30분쯤 되면 '안녕하세요'라는 하이 톤의 목소리와 함께 등장합니다. 그리고 모든 선생님들과 하이파이브하며 인사하고 그날 하루 있었던 일을 쏟아 냅니다.

> 우리 공간은 눈을 마주치며 하이파이브 인사하는 것이 기본입니다. 처음에는 낯설어하는데 나중에는 꼭 찾아와서 손을 마주치고 갑니다.

우리는 그 이야기를 들어주며 맞장구치기도 하고 흉도 보고 칭찬도 합니다. 그것을 마치면 어느덧 퇴근 시간이 됩니다. 그래서 우리는 그 친구를 '퇴근요정'이라고 부릅니다.

보통 30분 정도 때로는 15분 정도밖에 머물지 못하지만 이 친구가 공간을 찾는 이유는 숨 쉴 곳을 찾기 위해서입니다. 성격도 좋고 부모님과의 관계도 원만하지만 그래도 해소하기 어려운 스트레스와 고민이 있습니다. 그것이 학업이나 진로 혹은 친구나 연애 문제 또는 가족 간의 문제일 수도 있습니다. 그런데 그런 것들을 마음 놓고 말할 곳이나 사람이 부족합니다. 아무리 친하고 관계가 원만해도 친구나 부모님에게도 편하게 티를 내거나 드러내지 못하고 있습니다. 그리고 그것 때문에 고민되고 어려움을 겪기도 합니다.

예민이는 이런 어려움을 1318상상발전소 청소년공간에서 해소하고 있는 것입니다.

보통 많은 사람들(특히 어른들)이 청소년들의 이야기를 들으면 공감해 주는 것처럼 하지만 대부분은 '조언'을 합니다. 그런데 청소년 입장에서는 '훈계'로 들립니다.

아이들이 원하는 것은 '조언'이나 '훈계'가 아닌 '공감', 즉 '맞장구치며 함께 수다 떠는 것'입니다. 그것이 더 큰 회복이며 해결의 방법이기 때문입니다.

상담의 관점에서 보면 대부분의 많은 문제는 내담자가 자신의 말을 하면서 해결된다고 합니다.

그래서 상담의 기본원리가 잘 듣는 것이고 잘 듣는 상담가가 좋은 상담가이며 유능한 상담가라고 합니다.

청소년들의 이야기를 듣고 또는 들으면서 어떤 말을 해 줘야 할지 고민하기보다는 그저 주의 깊게 듣고 '공감'해 준다면 청소년 고민의 절반 이상은 해결될 것입니다.

청소년공간은 프로그램이 아니라 이런 일을 잘해야 합니다.

○ 청소년들의 두 번째 집, 1318상상발전소

정도의 차이는 있지만 사람들에게 가장 편안한 공간은 단연 '집'이라 할 수 있습니다. 집에서는 남의 시선을 신경 쓰지 않고, 옷차림도 마음껏 편하게 할 수 있습니다. 늘어지게 게으름을 피워도 되고, 때론 다툼이 있어도 결국엔 다시 내 편이 되어 주는 가족이 있는 곳입니다. 물론 집집마다 사정은 다르겠지만, 적어도 '편안하고 삶을 나누는 곳'이라는 점은 다르지 않습니다.

우리는 청소년공간이 바로 그런 '집'과 같아야 한다고 생각합니다. 그래서 1318상상발전소가 청소년들이 머무를 수 있는 '두 번째 집'이 될 수 있도록 모든 노력을 기울였습니다.

학교에서 겪는 압박, 학원에서 느끼는 부담, 집에서마저 벗어날 수 없는 부모님의 기대….

이 모든 것을 잠시라도 내려놓을 수 있는 '우리 집'이 필요했습니다.

2021년 1318상상발전소가 비영리민간단체에서 사단법인으로 전환하면서 새로운 로고가 필요했습니다. 우리는 어릴 적부터 알고 지내다 디자인 전공으로 대학에 진학한 청소년(이미 청년이 된)에게 로고를 만들어 줄 수 있는지 부탁했습니다.

어떤 특별한 기준도 제시하지 않았습니다. 그저 "네가 느끼고 생각한 대로 로고를 만들어 줘"라고만 말했습니다.

그런데 얼마 후 그 친구가 가져온 로고를 보고 우리는 깜짝 놀랐습니다.

동그라미들은 한 명 한 명의 청소년을 의미하고, 복잡하게 꼬인 선들은 서로 삶을 나누는 모습을 표현하며, 다섯 개의 모서리는 '집'을 나타낸다는 설명이었습니다.

결국 이 로고는 다양한 청소년들이 모여 함께 활동하며 삶을 나누는 집을 표현하고 있었습니다.

이보다 더 확실한 답이 있을까요?

우리가 수년간 고민하고 꿈꿔 왔던 청소년공간의 의미와 성격을, 청소년들도 똑같이 느끼고 바라고 있었던 겁니다.

○ 내 생각을 내려놓을 용기

청소년지도자가 되고 사회복지사가 되면 무엇을 해야 한다는 의무감이 생깁니다. 의무감이 더해지다 보면 청소년들의 입장에서 말하고 생각하기보다는 자신들의 가치관이나 지향점을 강하게 드러내게 됩니다. 어떤 청소년지도자를 만나 이야기를 나누다 너무 큰 충격을 받았습니다.

"선생님에게 청소년이란 어떤 존재인가요?"라는 질문했는데 "교화의 대상입니다"라고 대답을 하는 것입니다.

교화의 대상이라니….
이 생각에는 청소년은 문제가 있고 그렇기 때문에 바로잡아야 할 대상이라는 전제가 깔려 있는 것입니다.
이런 생각을 가진 것이 모두 잘못이라기보다는 과도한 사명감으로 인한 부작용이라고 생각합니다.
청소년은 교화의 대상이 아닌 가능성의 존재입니다. 그리고 자신에게 닥친 여러 가지 일들에 대해 충분히 스스로 생각하고 판단하며 해결해 나갈 능력이 있습니다. 단지 조금 느려 보일 뿐 다양하게 흘러가고 있습니다. 우리는 그것을 기다려 주고 힘이 부쳐 보일 때 살짝 밀어 주면 되는 것입니다.

이러한 자세는 부모님들에게도 동일하게 적용됩니다. 우리는 자녀교육이나 청소년교육의 큰 문제 중 하나가 '지나친 관심'이라고 생각합니다. 사랑이라고 생각하는 부모님들의 지나친 관심을 자녀들은 간섭으로 느낄 수도 있다는 것을 인식하지 못하는 경우가 많습니다. 부모의 지나친 애정과 사랑이 어쩌면 자녀들을 더 힘들게 할 수도 있습니다.

○ 청소년을 위한 공간이 아닌, 청소년의 공간

어른들은 흔히 "청소년을 위해 무엇을 하자!" 또는 "청소년을 위해 무엇을 해 줄까?"라고 말을 합니다.

그래서 학교에서는 방과 후 수업을 만들기도 하고 학원은 물론 청소년시설에서도 다양한 활동과 프로그램을 준비하여 "이것이 너희에게 좋은 것이야!"라고 말합니다. 물론, 그 뒤에는 청소년들을 위하는 어른들의 깊은 고민과 사랑이 담겨 있다는 것을 믿어 의심치 않습니다.

청소년공간도 마찬가지였습니다. 대부분의 공간이 처음에는 "지역 청소년들을 위해 이런 멋진 곳을 만들었으니, 와서 마음껏 이용해!"라는 마음으로 시작하고 운영합니다.

매우 긍정적이고 순수한 마음입니다.

그런데 우리는 출발점이 틀렸다고 생각했습니다.

청소년을 위한 공간은 청소년의 것인데 어른들이 주인이 되어 만들고 이끌고 있습니다.

물론 현실적으로 청소년들이 직접 건물을 만들거나 인테리어하기는 어려우니 어른들이 물리적인 공간을 만드는 것까지는 이해할 수 있습니다. 그러나 그 공간의 '운영'까지 어른들이 '주도'하려는 것은 동의하기 어렵습니다. 공간의 운영을 어른들이 주도하는 순간 그곳은 더 이상 청소년들의 것이 아니고 청소년들은 공간의 주인이 아닌 손님이 될 수밖에 없습니다.

물론 운영의 주도권을 청소년에게 내주거나 함께 한다는 것은 결코 쉽지 않습니다.

청소년지도자는 청소년들에게 '좋은 것을 제공하고 바른길로 이끌어야 한다'는 일종의 사명과 의무감을 가지고 있기 때문일까요?

가슴으로는 '청소년이 주체'가 되어 활동도 하고 공간도 조성하는 것이 맞다고 생각하지만, 실제로는 사소한 간섭과 본인이 좋다고 생각하는 수많은 프로그램을 만들어 제시하고 있습니다. 심지어는 공간 이용 인원이나 사업실적에 목숨 걸고 집착하고 있는 것을 보기도 합니다.

그래서 청소년들이 자유롭게 숨 쉴 수 있도록 해 주기보다는 어른들의 '성과'나 '만족'을 위한 공간이 되어 버리는 아이러니한 상황이 발생하기도 합니다.

이는 앞서 말한 사명감과 더불어, '사업부진'이라는 결과로 인해 질책과 지적을 받고 무능력자로 낙인찍힐까 전전긍긍하는 현실적인 부담감에서 비롯된 현상일 겁니다.

1318상상발전소의 청소년공간은 그러한 기존의 구조를 깨려고 노력했습니다.

초기에는 정밀 어떠한 프로그램도 없이 '아무것도 없는' 상태로 오롯이 공간을 제공하였습니다. 그저 청소년들이 마음껏 와서 이용하고, 스스로 놀이를 만들고, 원하는 대로 뒹굴 수 있도록 해 줬습니다.

무엇을 '해야만 한다'는 부담감에서 완전히 벗어나, 이곳에서는 '그냥 있는 것만으로도 충분하다'고 편안함을 주는 것을 최우선으로 삼았습니다.

심지어 어떤 친구는 눈을 동그랗게 뜨고 우리에게 묻기도 했습니다.

"저… 여기 뭐 하는 곳이에요? 뭐 할 수 있는 곳이에요?"
"그냥 네 마음대로 이용하면 돼! 뭐 진행되는 프로그램은 없거든."
"정말! 아무것도 안 해도 돼요? 자도 돼요?"
"오케이, 당연하지!"

자유로운 시간을 주어도 그것을 자유롭게 사용해도 되는지 망설이는 친구들이 많다는 것은 그만큼 우리 사회의 청소년들에게는 어떤 곳에 가서 아무것도 안 하는 것이 너무나 낯선 경험이라는 말이었습니다.

비슷한 운영을 하고 있던 다른 기관들은 우리의 이런 방침을 이해하지 못했습니다. "프로그램을 해야 청소년이 오지 아무것도 안 하는데 어떻게 청소년들이 오겠냐"며 의문을 제기하기도 했습니다.

하지만 많은 분들의 의문에도 불구하고 1318상상발전소의 청소년공간은 특별한 홍보도 없이 매일 넘치게 방문하는 청소년들로 인해 왁자지껄 떠들썩했고 청소년들의 웃음소리가 끊이지 않고 있습니다.

우리는 "우리가 너희에게 혜택을 베푸는 거야"라는 불필요한 우월감을 갖지 않으려 노력했고, 주도권을 기꺼이 내려놓고 청소년들에게 많은 것은 넘겨주었습니다. 그 결과, 1318상상발전소는 서서히 '청소년을 위한 공간'이 아닌, 진정한 '청소년의 공간'으로 변화해 가는 것을 생생하게 경험할 수 있었습니다.

아무것도 하지 않아도 되지만
무엇이든 할 수 있는 청소년공간이야기

3장

·······

주인공이 아닌 청소년은 없다

○ 한 사람에 대한 관심, 모든 것의 시작

1318상상발전소가 추구하고 있는 핵심가치는 '한 사람에 대한 관심'입니다.

1318상상발전소에는 하루에도 수많은 청소년들이 오고 갑니다. 좁은 공간의 평균 이용 청소년 인원은 하루 적게는 30여 명에서 많게는 100여 명 이상이 될 정도로 북적거립니다.

> 첫 공간의 넓이는 약 33여 평, 옮긴 후는 약 70여 평인데 2025년 5월 기준 공간 이용 청소년의 수는 누적 115,371명입니다.

청소년공간을 운영하며 끊임없이 되새겼던 다짐은 바로 "공간 활성화를 위해 너무 애쓰지 말자"였습니다. 이는 운영을 소홀히 하자는 의미가 아니라, 더 많은 청소년을 끌어들이고, 눈에 보이는 결과와 성과를 내기 위해 억지로 애쓰지 않겠다는 다짐입니다.

우리는 결과와 성과를 위해 쏟을 에너지를, 지금 우리와 함께하는 청소년들에게 온전히 쏟기로 했습니다. 숫자로 증명되는 활성화 대신, 한 명한 명의 청소년에게 깊이 집중하는 것, 그것이 바로 1318상상발전소가나아가는 방향입니다.

특별히 의도하지는 않았지만 우리가 만나는 대부분의 청소년들은 주목받지 못하는 청소년들입니다. 보통 학교에서 주목받는 친구들은 공부를 잘하는 모범생이거나 특별한 장기가 있는 친구, 아니면 사고를 쳐서요주의 대상인 경우가 많습니다.

문제를 일으키지 않고 공부도 어중간하게 하는 보통의 친구들은 주목의 대상이 아닌 경우가 많습니다. 영화나 드라마를 예로 든다면 주인공이 아닌 조연과 엑스트라입니다.

그런데 어떤 배우든 작품에서 주인공이 되고 싶지 엑스트라가 되고 싶어 하는 배우는 없습니다. 청소년들도 마찬가지입니다.

"내가 비록 공부도 못하고 특별한 장기도 없고 그렇다고 삐뚤어질 용기도 없지만 선생님들께 사랑과 관심을 받고 싶어!"라는 마음을 누구나 늘갈망하고 있습니다.

1318상상발전소는 그 주목받지 않는 청소년들을 주목했습니다. 아니정확히는 모든 청소년들을 똑같이 주목하기 위해 애썼습니다.

1318상상발전소의 문턱을 넘고 우리와 관계를 맺는 순간!

모든 청소년들은 학교성적, 외모, 경제상황, 재능(운동, 춤, 그림 등) 등 모든 조건에 상관없이 동일하게 존중받아야 할 소중한 청소년입니다. 그들을 그렇게 인정하고 받아들였습니다. 청소년이 가진 외적인 환경이나 능력, 재능에 주목한 것이 아니라 그 청소년 자체를 주목하였으며 고유한 존재로 인정하고 소중하게 대우했습니다.

우리가 만나는 여러 청소년들은 모든 청소년이지만 각각 한 사람의 청소년입니다.

그렇게 각각의 존재를 인정해 주고 전체 중 일부가 아닌 유일한 한 사람으로 대우해 주자 청소년들은 변하기 시작했습니다.

○ 이름을 불러 준다는 것

결혼이나 다른 이유로 인해 경력이 단절된 분들을 만나 보면 자신의 이름을 잃어버렸다는 것을 가장 슬퍼합니다. ○○엄마, ○○아빠 등으로 불리는 것이 싫지는 않지만 어느 순간 내가 없어진 느낌이 들 때가 있어 요즘 말로 현타가 온다고 말하기도 합니다.

그런 분들이 다시 사회활동을 시작하면서 가장 행복해하는 것이 '본인의 이름으로 불리는 것'입니다. 자신의 이름이 들어가 있는 명함이나 사원증, 결재도장 등을 받고 감격하시며 "나를 다시 찾은 것 같다"고 말씀하시는 분들도 많습니다.

이처럼 상대방의 이름을 부른다는 것은 그 사람의 존재가치를 인정하고 '존중'한다는 의미이며 표현입니다. 또한 그 사람에게 '관심'이 있고 '응원'한다는 의미도 내포하고 있습니다. 그리고 이름이 불리는 당사자는 그 행위로 인해 자신의 존재를 소중하게 인식하게 됩니다.

무척이나 거창하게 들릴지 모르지만 '이름'을 부른다는 행위에는 그런 가치가 있습니다.

1318상상발전소에서 가장 중요하게 여기는 것은 '이름'입니다. 나이, 학년에 앞서 가장 먼저 묻고 기억하는 것이 '이름'입니다.

그렇기에 공간의 활동가들에게 가장 중요한 미션 중 하나가 청소년들의 이름을 외우는 것입니다.

청소년이 공간에 들어오면 우리는 '야!' '너!'와 같은 지시대명사가 아닌 '이름'을 부르며 환영합니다.

가끔 보는 청소년은 물론이고 거의 매일 만나는 청소년도 자신의 이름을 불러 주면 너무나 좋아하고 행복해합니다. 그리고 어떻게 그 많은 친구들의 이름을 다 기억하는지 궁금해하기도 합니다.

"쌤이 OO이에게 관심이 있으니까 그렇지"라는 말에 청소년들의 얼굴에는 웃음꽃이 핍니다.

그렇습니다.

우리가 반드시 청소년들의 이름을 부르는 것은 한 청소년에 대한 '존중'이며 '관심'의 표현입니다.

우리가 만나는 수십 수백 명의 청소년! 그중에는 자주 보지 못하는 친구들이 있기에 기억이 가물가물하지만 애써서 이름을 기억하고 부르는 것은 1318상상발전소가 갖고 있는 '한 사람에 대한 관심'이라는 핵심가치를 실천하기 위함입니다.

어떤 기준과 기준에 상관없이 오로지 한 청소년에 집중하기 위한 가장 기본적인 실천입니다.

어떤 청소년은 자신의 이름을 크게 부르며 인사하는 선생님들을 만나기 위해 일부러 청소년공간을 방문하기도 합니다. 어쩌면 자신의 존재가치를 인정받기 위한 몸부림일지도 모르겠습니다.

우리는 모든 청소년이 자신들의 이름을 통해 존재가치를 인정받으며 자신만의 멋진 삶을 살아가길 바랍니다.

○ "그 아이, 요즘도 잘 웃어요?"

어느 날 인근 중학교의 교장선생님께서 1318상상발전소를 방문해 주셨습니다.

방문의 이유는 재직 중이신 학교의 학생들이 이 공간을 많이 간다고 해서 어떤 곳인지 궁금해서 찾아오신 것입니다. 갑작스러운 방문이었지만 간단히 공간의 취지를 설명하고 대화를 이어 갔는데 교장선생님께서 많이 놀라셨습니다. 왜냐하면 학교에서 잘 보지 못하던— 정확히는 지각을 자주 해서 등교시간에 보기 어려웠던— 친구들이 공간에서 놀고 있는 모습을 보셨기 때문입니다. 보통 교장선생님은 학생들을 직접 만나지 않기에 얼굴을 잘 알지 못하시지만 이 선생님은 등교시간 교문에서 늘 학생들을 맞아 주시며 관심을 기울이셨기 때문에 이름은 모두 알지는 못했지만 학생들의 얼굴을 기억하고 계셨습니다.

그 친구들을 보시며 "가끔 학교에서 볼 때마다 풀이 죽어있고 생기가 없던 친구들이었는데 이렇게 생기발랄하고 에너지가 넘치는 친구들인지는 미처 몰랐습니다"라고 하시며 놀라워하셨습니다. 지금 생각해 보면 학생들에 대해 관심이 많으셨기에 그러한 변화를 아실 수 있었던 것 같습니다.

나중에 학교의 선생님들과 함께 다시 공간을 방문해 주셨고 아이들을 학교에서만 키우고 교육하는 것이 아닌 학교와 지역사회 그리고 이러한 청소년공간이 함께 협력해서 돌보고 교육해야 한다는 점을 강조하셨습니다. 그리고 지금은 우리법인의 이사로 지역사회와 학교, 그리고 청소년공간의 연계를 위해 함께 애쓰고 계십니다.

재직 중이시던 시기에 가끔 연락을 하시거나 만날 때 "○○○ 잘 지내지요?" "지금도 여전히 잘 웃고 있지요?"라는 질문을 하시곤 했는데 그때마다 저는 "네, 여전히 우당탕탕 말썽 피우며 잘 지내고 있습니다"라고 답을 하곤 했습니다.

그렇게 모두의 관심 속에 청소년들은 회복되었고 성장하고 있었습니다.

청소년공간은 모두뿐만 아닌 한 사람에게 관심을 갖고 애정을 쏟아야 하고 전체이지만 한 사람에 주목하는 그런 공간입니다.

청소년활동을 하다가 어려운 점을 하나 꼽으라면 담당자의 변경입니다. 지역 내 기관담당자나 학교선생님 그리고 행정기관의 담당자가 변경될 때는 모든 것을 처음부터 해야 하는 경우가 많습니다. 지역이 함께 아이를 돌보고 교육해야 하는 네트워크의 연속성이 깨지게 되지요.

아무것도 하지 않아도 되지만
무엇이든 할 수 있는 청소년공간이야기

쉽지는 않겠지만 업무의 연속성을 이어 가기 위해서는 담당자들의 긴밀한 협력이 필요하고 특히 행정의 지역연계 담당자들은 특별한 사유가 없다면 업무를 길게 이어 갈 수 있도록 하는 제도적 지원도 필요합니다.

○ 아들딸이 생겼다
― 가정이 해체된 친구에게 부모가 되어 주는

1318상상발전소에서는 처음 만나는 청소년들에게 대부분의 기관이 하는 소위 호구조사를 하지 않습니다. 그저 그 아이의 이름이나 학교 정도만 묻고 선입견과 사전 배경을 빼고 제로베이스에서 청소년을 맞이합니다. 그러면서 자연스럽게 시간을 함께 보내고 삶을 나누다 보면 그들의 사연을 알게 됩니다.

서은(가명)이를 처음 만난 것은 그 친구가 중학교 2학년 때였습니다. 예쁘장한 얼굴이었지만 큰 키에 너무 말라서 뼈만 있어 안쓰럽게 느껴졌습니다. 옷차림을 보면 가성형편이 어려운 것은 아닌 것 같고 행동을 보면 소위 막 나가는 친구도 아니었습니다.

공간에서 신김치를 넣은 김치볶음밥을 해 주면 그 마른 몸에 엄청나게 먹는 것을 보고 놀라고 매번 첫 끼라고 하는 말에 두 번째 놀랐습니다. 그리고 너무나 맛있다고 쌍따봉을 날리는 모습을 보며 '집에서 밥을 못 먹고 다니나?' 의아한 생각을 갖곤 했습니다.

얼마의 시간이 지나고 알게 된 사실은 부모님이 불화가 있으시고 이미 서로에 대한 신뢰가 깨진 상태로 자녀들 때문에 어쩔 수 없이 법적 혼인 상태를 유지하고 있다는 것이었습니다. 그로 인해 한집안에서 서로 대화도 없이 꼭 해야 할 말만 하며 각자 생활한 지가 매우 오랜 기간 지속되었다는 것을 알게 되었습니다.

이러한 가정상황으로 인해 이 청소년은 민감한 시기에 가정과 부모님의 따뜻한 돌봄과 사랑을 느끼지 못하고 단지 부모로서의 의무만을 행하는 냉랭한 환경에서 성장했습니다. 그렇기에 항상 마음이 궁핍한 상태로 중학교에 진학했던 것입니다. 물론 아버지나 어머니 모두 자녀를 사랑하셨을 것입니다. 그러나 서로가 냉랭한 환경과 분위기에서 사춘기 소녀가 그 사랑을 깨닫고 체감하기는 어려웠을 것입니다. 고민 많고 방황하는 사춘기 시절을 그렇게 지내다 보니 학교에도 적응하지 못하고 주변인으로 맴도는 상태이었습니다.

따지고 보면 방황의 이유도 약간의 애정결핍으로 인한 것이라고 생각할 수 있는 것이 가정 내에서 사랑을 받고 있다는 느낌을 받지 못하니 만나는 누군가가 자신에게 관심을 보이고 사랑을 주면 그에게 몰두하게 되고 그 대상이 방황하는 청소년이었기에 그런 모습을 보였던 것이 아닐까 생각이 됩니다.

이 청소년에게는 학과공부가 우선이 아니라 안아 주는 부모가 필요했습니다. 모든 교육과 성장은 그 이후에 가능하다는 생각이 들었습니다.

우리는 청소년공간에서 이 청소년에게 부모가 되어 주기로 했습니다.
그 첫 번째는 관심과 책임에 대한 잔소리였습니다.

이 청소년의 학교생활은 엉망이었습니다. 시간에 맞춰 등교하는 경우는 거의 없었고 교복도 과도하게 리폼해서 입고 다녔습니다. 귀가시간이 늦는 것은 기본 중에 기본이었지요. 그럼에도 부모님 중에 아무도 이 청소년을 챙기거나 간섭하는 사람은 없었습니다. 두 분 모두 일찍 출근하시고 집에 늦게 귀가하시다 보니 신경을 쓰기 어려우셨던 것 같습니다.

우리는 우선 생활이 제대로 될 수 있도록 등교시간을 챙기기 시작했고 옷차림에 대해 잔소리를 하기 시작했습니다. 밥을 제대로 먹고 다니지 않고 집에 늦게 귀가하는 것도 간섭하며 귀찮게 하기 시작했습니다.

그러면서 공간을 방문할 때마다 안아 주며 반겨 줬고 학교나 친구 간에 있었던 좋고 나쁜 일들, 서러웠던 일들을 함께 나누었습니다. 특별한 재료는 없었지만 있는 재료로 만든 음식을 함께 먹으며 식구가 되었습니다.

지금 생각해 보면 마른 몸에도 무척이나 많은 식사량을 보였던 것은 어쩌면 음식에 굶주린 것이 아니라 정(情)에 굶주렸기 때문이 아니었을까 생각이 듭니다.

어느 날 서은이가 공간을 지키던 잼마 쌤에게 "엄마라고 불러도 되나요?"라고 물었고 "아니 엄마라고 부를 거예요"라고 말했습니다. 그렇게 우리는 큰 첫째 딸이 생겼습니다(성인이 되어 사회인으로 살아가는 지금도 아빠, 엄마라고 부릅니다).

청소년들은 잔소리하는 부모님들이 싫고 그것에 대해 짜증 내기도 하는 게 보통이지만 이 청소년은 그런 잔소리와 간섭이 그리웠던 것 같습니다. 아무도 자신에게 관심 갖지 않는다고 생각했는데 매일 보며 잔소리하고 야단치는 그런 것이 너무나 좋았던 것 같습니다.

우리는 새로 맞이한 딸을 특별하게 대우하지 않았습니다. 친아들과 같은 기준에서 야단도 치고 보듬어 주며 고등학교 졸업 때까지 함께했습니다. 어쩌면 그 친구는 특별하게 대우하지 않고 아들과 같이 보통의 기준으로 대우하는 것이 더 좋았을지도 모릅니다.

두 번째로, 참여할 수 있도록 권유했습니다.

처음 본 서은이는 앞에 나서지 못하고 뒤에 숨어 있는 청소년이었고 자신의 생각도 제대로 표현하지 못했습니다. 당연히 몇몇 친구들과는 (소위 말하는 음지에서) 잘 어울리며 행동했지만 보통의 청소년들처럼 활동하지는 못했습니다.

우리는 그 친구가 보통의 청소년들과 같이 활동하고 행동하길 바랐습니다. 그래서 공간에서 다른 친구들이 만든 다양한 활동과 프로그램에 참여할 수 있도록 권유하였고 다행히 함께 약 5년여의 시간 동안 재미나게 함께 잘 놀았습니다.

많은 변화가 있었습니다. 청소년운영위원회나 동아리활동, 캠프활동 등 다른 친구들과 어울리는 공동체활동에 누구보다 열심히 참여하였고 그런 경험을 바탕으로 뒤에 숨어 아무것도 하지 않고 음지로만 들어가려 했던 소극적 모습은 누구보다 먼저 앞서 자신이 할 일을 찾아 하는 적극적 행동의 사람으로 변했습니다.

그렇게 여러 활동을 함께하였고 추억을 쌓았습니다. 진로에 대한 고민을 나누었고 자신이 좋아하고 할 수 있는 것을 함께 찾았고 그럼에도 (모든 청소년이 그렇듯이) 하기 싫어하는 아이와 티격태격하며 준비할 수 있도록 독려하여 대학에 진학할 수 있도록 도왔습니다(이 와중에 친부모님과 계속 소통했고 함께 고민하며 진학지도를 하였습니다).

교육은 무엇이고 돌봄은 무엇일까요?

특정교과를 가르치거나 예체능의 특별한 것을 가르치는 것만이 교육일까요?

예절교육을 하고 민주시민교육을 하는 것이 교육일까요?

무조건 보호하고 안아 주고 챙겨 주는 것만이 돌봄일까요?

돌봄은 특별한 것이 아닙니다. 무조건적으로 안아 주고 사랑해 주는 것도 필요하지만 그저 보통의 삶을 함께 살아가는 것이 돌봄이라 생각합니다.

다양한 지향점과 가치관이 있기에 교육의 성격은 너무나 많지만 우리는 삶을 나누는 것이 진정한 교육과 돌봄의 시작이 아닌가 생각합니다.

청소년공간은 그러한 교육과 돌봄을 지향해야 합니다.

그리고 그 지향점은 한 청소년의 회복과 건강한 사회인으로서 성장하고 생활하는 것으로 증명되고 있습니다.

> 우리에게 아들은 한 명입니다. 항상 이 점이 아쉬웠습니다. 그러나 1318상상발전소를 통해 삶의 희노애락을 나누는 수많은 아들, 딸이 생겼습니다.
> 누군가가 말했듯이 가슴으로 나은 아들딸입니다.

○ 진짜 언덕이 되어 준다는 것은

진석(가명)이는 ○○청소년기관에서 처음 만났습니다.

악기를 가르치며 만났는데 처음 인상은 조금 조용하고 소심해 보였지만 또래의 여느 친구들과 그리 차이 나 보이지는 않았습니다. 그렇게 악기로 인연이 되었고 공간까지 찾아오고 밴드활동에 합류하면서 더욱 가까워졌습니다. 중2 때 만나서 지금까지 시간을 함께하며 많은 것을 나누고 있습니다.

다른 아이들과 같이 처음에는 신상에 대해 묻지 않았지만 시간이 지나며 알게 된 것은 부모님이 이혼하신 후 어쩔 수 없는 사정으로 부모님과 떨어져 살고 있었습니다. 그 상황이 참 어처구니없었지만 그 친구는 오히려 겉으로는 담담하게 말하고 행동했고 우리는 그 모습이 더 마음이 아팠습니다.

그러면서 특별히 마음에 두었던 것은 이 친구를 '특별하게 대하지 말자!'였고, 또 이 친구가 고등학교에 진학해서 학교 밴드부를 하고 있었기에 그 활동을 최대한 '존중해 주자!'였습니다.

첫 번째는 우리 공간이 가진 기본 방침을 적용한 것이며

두 번째의 경우는 이 친구가 악기를 배우고 밴드부를 하면서 음악인의 꿈을 키우게 되었기 때문이었는데, 다니던 학교가 예고는 아니었지만 학교밴드부 지도선생님이 실용음악을 전공하신 분이셨기에 전문적 활동지도가 가능했기 때문이었습니다.

1318상상발전소에서는 별도로 전문레슨을 통해 지원하였습니다.

고등학교 졸업 후 어머님과 함께 살게 되었다고 좋아하던 모습이 생각납니다. 여러 이유로 고등학교 시절에는 입시도전을 하지 못했기에 졸업하며 그동안 모아둔 자립자금으로 본격적인 입시를 준비하겠다고 하여

아무것도 하지 않아도 되지만
무엇이든 할 수 있는 청소년공간이야기

함께 학원을 알아보고 입시의 과정에 대해 고민했습니다. 학원에 등록하여 본격적인 입시교육을 받으며 즐거워하던 모습도 떠오릅니다.

그러던 어느 날 갑자기 입시를 포기하겠다고 말하는 것이 아니겠습니까? 놀라서 이유를 들어 보니 입시를 위해 모아 두었던 자립자금을 어머니가 모두 쓰셔서 이제는 도전을 할 수 있는 여력이 없다고 하며 입시를 포기하고 취직해서 돈을 벌겠다고 했습니다.

너무 황당했지만 우리는 진석이 꿈을 알고 있기에 학원교육을 1318상상발전소에서 지원해 주겠다고 제안했으나 진석이는 죄송하기도 하고 어쩌면 이런 부분으로 인해 공간이 피해를 볼지도 모를까 염려된다며 거절했습니다.

쓸쓸하기도 하고 이해할 수 없는 상황에 마음이 아프기도 했습니다. 그러나 더 큰일은 그 이후에 일어났는데 이 친구가 집에서 나오게 된 것입니다.

자세한 내용을 여기에 기술하기는 어렵지만 어쨌든 어머니께서 집에서 나가라고 하셨습니다. 함께 산 지 겨우 1년여 즈음 되었을 때였습니다. 엄마와 함께 살게 되었다고 좋아하던 때가 엊그제 같은데 이제 다시 상처받는 상황이 된 것입니다.

어처구니없는 상황에 화가 났지만 일단 그 친구가 살 수 있는 방법을 찾아야 했기에 보증금을 마련해 원룸을 구해 주었습니다. 그리고 우리가 직접 어머니의 집으로 가서 짐을 가지고 왔습니다. 짐이라고 해야 옷가지 몇 개가 들어있는 상자 2개와 음악하려고 구매했던 컴퓨터가 전부였습니다. 엄동설한에 사용할 겨울 이부자리도 없었습니다. 이사 가는 원룸에 이불을 사서 깔아 주고 집 정리를 함께해서 일단 지낼 수 있도록 만들어 주고 나오는데 왈칵 감정이 솟구쳤습니다.

"왜 이 착한 아이가 이런 아픔을 겪어야 하나?"

하나님을 원망하기도 하고 부모 욕도 많이 했습니다. 그러지 않고는 분이 풀리지 않을 것 같았습니다.

그러나 그다음은 현실이었습니다. 안타깝기는 했지만 그 친구에게 특별한 대우를 하지 않았고 더도 덜도 아닌 우리 아들과 같은 원칙을 적용했습니다.

아들에게 초등학생 때부터 한 말은 "너에 대한 경제적 지원은 고등학교 때까지다. 그다음은 네가 벌어서 살아야 한다. 대학에 진학한다면 첫 학기 등록금과 첫 용돈은 지원해 주겠지만 그다음은 알아서 살아야 한다"였습니다. 자립심을 키울 수 있는 방법이었고 실제로 아들은 그것을 받아들이고 현재 그렇게 스스로 경제적으로 독립해서 살고 있습니다.

진석이에게도 동일한 기준을 적용하고 말했습니다.

"먼저 원룸의 보증금은 주는 것이 아니니 나중에 갚아야 한다. 그리고 첫 달 월세는 내주었으니 다음 달부터는 네가 내야 한다."

일시적으로 지원해 주는 것도 중요하지만 스스로 살아갈 힘을 기를 수 있도록 하는 것이 더 중요하다고 판단했습니다. 우리를 비롯한 누군가가 곁에 있을 수 있지만 언제까지 할 수 있는 것은 아니기 때문입니다.

그런데 고등학교를 졸업하고 사회에 갓 진출한 후기 청소년이 할 수 있는 일은 그리 많지 않았고 그저 단순 아르바이트 정도였습니다. 그러나 우리는 이 친구가 단순 아르바이트보다는 장기적으로 방향성을 갖고 성장할 수 있는 곳에서 일하는 것이 좋다는 생각을 가졌고 고민을 하고 있는 중에 마을에 활동가를 모집하는 것을 알게 되어 이 친구에게 제안했습니다. 그리고 스스로 자신이 최선을 다할 수 있도록 안내했습니다. 면접을 보기 위해 미리 사전 문의도 해 보고 지원분야인 마을활동가에 대해 자세한 설명도 해 주었습니다. 우리는 최선을 다해 잘할 수 있도록 옆에서 도움자의 역할을 했을 뿐 그 친구는 스스로 자신이 준비하고 연습하고 노력했고 다행히 합격해서 마을활동가로 활동하게 되었습니다.

합격한 후 1318상상발전소에서 열심히 활동했던 성실한 친구라고 소개하니 따뜻하게 환영해 주셨고 지역에서 활동가로 사랑받으며 근무하게 되었습니다.

그것을 시작으로 다양한 일을 경험한 후 시간이 지난 지금은 고등학교 때 전공을 살려 IT분야에서 근무하고 있는데 국내외를 오가며 인정받는 유능한 사회인으로 살고 있습니다.

청소년공간은 단순하게 무작정 퍼주는 곳이 아닙니다. 삶을 나누고 어려운 위기의 순간에 곁에 있어 주며, 결국은 스스로 이겨 내고 성장하여 든든히 설 수 있도록 함께해 주는 곳입니다.

그것을 위해 청소년공간은 청소년들이 마음껏 기댈 수 있는 언덕이 되어야 합니다.

대부분의 청소년들은 순간을 견디고 넘기게 되면 건강하게 성장할 수 있습니다.

앞서 말한 진석이의 경우 중고등시절 마음 둘 곳도 기댈 곳도 없었을 때 청소년공간은 언덕이 되었고 '악기'라는 매개체로 안전감을 찾을 수 있었습니다. 그리고 졸업 후에는 실질적인 지원을 통해 자립할 수 있도록 함께해 주었습니다.

물론 청소년공간 혼자 한 것은 아닙니다. 마을이 함께해 주었고 이 친구가 있었던 기관에서도 물심양면으로 관심 가져 주었습니다. 그러나 그 중심에는 청소년공간이 있었습니다.

이것이 지역 내에서 밀착형으로 존재하며 청소년들에게 진짜 언덕이 되어 주는 청소년공간의 가치입니다.

공간을 운영하며 참 많이 울었습니다. 아이들이 많아서 힘든 것 때문도 아니었고, 돈이 없어 항상 힘들기는 했지만 그 때문도 아니었습니다. 겉으로는 평범해 보이는 청소년들 속에서 문득 알게 되는 친구들의 아픈 현실을 마주할 때마다, 우리가 해 줄 수 있는 것이 너무 없는 것 같아 속상하고 안타까워 눈물을 쏟았습니다.

신기하게도 아이들은 마치 저의 눈물을 아는 것처럼 위로를 건넸습니다. "선생님 사랑합니다"라고 불쑥 고백하기도 하고 "선생님 고맙습니다"라는 말부터, 평소에는 표정 없던 친구가 해맑게 웃으며 "쌤~ 너무 보고 싶었어요!"라고 말해 주기도 했습니다. "어제 봤는데 갑자기?"라고 되묻자, "그냥 청카 생각하면 너무 좋아요. 쌤 보고 싶어 학교 끝나고 달려 왔어요"라고 답하는 아이의 말 한마디 한마디가 저에게는 큰 힘이 되었습니다.

비록 모든 문제를 해결해 줄 수는 없지만, 우리의 존재 자체가 청소년들에게 힘이 되고 함께 살아갈 용기가 되었다면 그것만으로도 감사하며 이 길을 계속 걸어가야겠다고 생각했습니다. 그 과정에서 우리 역시 함께 성장했습니다. 모든 것을 해결해 주는 것이 아니라, 청소년들이 스스로 나아갈 힘을 얻는 것이 더 중요하다는 것을 깨달았습니다.

아무것도 하지 않아도 되지만
무엇이든 할 수 있는 청소년공간이야기

○ 한 사람에 집중하면, 열 명이 변한다

청소년 시기는 매우 찬란하고 예쁜 시기이기도 하지만 방황의 시기이
기도 합니다. 그래서 부정적인 시각으로 그들의 행동을 바라본다면 못마
땅하고 불편하게 느낄 수 있습니다.

때때로 우리가 실수하는 것은 그들이 하는 행동의 내면은 들여다보지
않고 겉으로 보이는 것만으로 판단하고 단정 짓는 행동입니다.

"이 아이들은 왜 이렇게 행동을 할까? 예의도 개념도 없어. 요즘 청소년
아이들 문제야"라고 단정 짓게 되면 어떤 모습을 보아도 좋은 감정을 느
끼기 어렵습니다.

청소년공간에서도 마찬가지입니다. 모두를 똑같이 아끼고 사랑하며
존중하려 하지만 청소년지도자들도 사람인지라 곱게 보이는 친구가 있
고 불편한 친구가 있기 마련입니다. 그런데 그들에 대해 섣불리 단정 짓
거나 오해하게 되면 그 청소년과의 관계가 어려워지게 됩니다.

주민(가명)이와의 관계도 그럴 뻔했습니다.

이 청소년과는 중1 때 만나서 고등학교 졸업 때까지 함께했습니다. 문
제는 처음 만난 1~2년의 시기였습니다. 공간의 모든 청소년지도자들이
청소년과 개인적인 관계를 맺는 것은 맞지만 현실적으로 모두 동일하게
시간과 관심을 주기는 어렵습니다. 그래서 공식적이지는 않지만 청소년
지도자들이 마치 담임제처럼 자연스럽게 나누어 소통하고 관계를 형성

하는 것이 보통입니다.

주민이와는 초기 1~2년은 자세히 알지 못한 채 시간을 보낸 경우인데 그 당시 우리가 느낀 점은 마치 영화『써니』에 나오는 그 무리들과 같이 매우 반항적이고 거친 모습이었습니다.

저도 모르게 "저 아이는 왜 저럴까?" 하는 생각이 들었고 그런 마음으로 바라보니 말투나 행동이 모두 마음에 들지 않았습니다.

그러다 번뜩 정신이 들었습니다. "내가 지금 뭐 하고 있는거지?" 나도 모르게 예전처럼 편견에 사로잡혀 한 아이를 색안경 쓰고 바라보고 있었던 것입니다. 마음을 돌이켜 썼던 색안경을 벗고 그 청소년을 바라보기 시작했습니다.

판단이 달라졌습니다. 거칠게 보였던 행동은 에너지 넘치고 활동적인 모습으로, 시끄럽게 느껴졌던 말투는 분위기를 살리는 활기찬 말투로 들리기 시작했습니다.

그리고 더 깊게 살펴보니 공간의 여러 가지 활동 곳곳에 열심히 참여하고 있는 것을 보게 되었습니다.

"내가 편견의 안경으로 한 아이를 잘못 판단하고 있었구나!" 깨달음과 반성을 하게 되었습니다.

그 후 주민이는 자치활동의 리더로, 공간을 대표하는 얼굴로, 졸업 후에는 동생들을 돌보는 멘토로 멋지게 성장했습니다.

우리가 자세히 보고 이해하고 그 친구에게 집중했더니 그 청소년으로 인해 많은 친구들과 동생들이 좋은 영향을 받았고 동기부여가 되었습니다.

여담이지만 주민이 가정의 경제상황은 그리 좋지 않았습니다. 그런데 공간에서 전혀 그런 티를 내지 않고 밝은 모습으로 활동했었고, 부끄럽지만 우리는 그것을 전혀 알지 못했습니다. 중학교 초반 모습은 어려운 가정상황으로 인한 것이었을 수도 있는데 그것을 알지 못하고 못마땅한 시선으로만 봤던 것입니다.

만약 우리가 잘못된 판단과 시선을 더 길게 가져갔더라면 어쩌면 우리의 멋진 동반자이자 후배들을 위한 멘토인 지금의 주민이는 존재하지 않았을 수도 있습니다.

자신이 사랑하는 공간에서 자신을 인정해 주는 사람을 만나지 못했다는 좌절감은 더 큰 반항으로 나타났을 수도 있었기 때문입니다.

이와 같이 청소년을 바라볼 때에는 편견을 내려놓고 자세히 집중해서 바라보려는 노력이 필요합니다. 그때 그 청소년을 이해하게 되고 이해받고 인정받은 한 명의 청소년을 통해 열 명 백 명의 청소년들이 성장하고 회복될 수 있습니다.

때로는 한 명의 청소년이 열 명의 선생님보다 더 큰 역할을 할 수도 있습니다. 왜냐하면 이 시기는 부모님보다는 선생님, 선생님보다는 선배가, 선배보다는 친구가 좋은 영향도 나쁜 영향도 더 많이 주고받을 수 있기 때문입니다.

청소년공간은 모든 청소년에 관심을 갖지만 한 청소년에 집중하는 곳입니다. 그리고 그것을 통해 변화를 이끌어 내는 곳입니다.

○ 양육의 원칙

우리에게는 아들이 한 명 있습니다. 다자녀를 원했지만 그것이 원하는 대로 되는 것이 아니었습니다. 항상 외롭게 혼자 자란 아들에게 미안한 마음이 있습니다.

자녀를 키우면서 지켜 온 몇 가지 원칙이 있는데 그것을 나눠 보고자 합니다.

첫 번째, 내가 한 말은 꼭 지키자.

약속의 소중함과 무거움을 말하는 것입니다. 이것은 상호 간에 모두 지켜야 하는 것입니다. 부모는 자녀에게 한 말이 허언이 되지 않도록 노력해야 합니다. 흘러가는 말이라도 기억하고 꼭 지켜야 합니다. 자녀들이 잊을 것이라 생각하지만 절대 그렇지 않습니다. 자녀들은 기억하고 있습니다. 다만 말하지 않고 담아 둘 뿐입니다. 그렇기에 순간의 어떤 것을 모면하기 위해 혹은 가볍게 여기고 거짓말이나 대충 말해서는 안 됩니다. 설령 그렇게 말했다 하더라도 말했다면 지켜야 합니다. 어떤 상황에서도 한 말을 지키는 모습을 보여 주어야 합니다.

부모가 말에 책임을 지는 일을 보여 주고 그것이 반복되면 자녀는 부모를 신뢰하게 됩니다. 반대로 말의 무게를 하찮게 여기고 한 말을 뒤집는 모습이 반복된다면 겉으로는 모르겠지만 마음으로는 부모의 어떤 말도 신뢰하지 않을 것입니다.

자녀를 키우며 가급적 한 말은 지키려고 노력했고 자녀에게도 내뱉은 말은 지킬 것을 요구했습니다. 상호 간에 신뢰를 두텁게 만드는 것이 중요합니다.

두 번째, 권유하되 강요하지 말자. 결정은 스스로!

우리는 아들을 양육하면서 공부를 비롯하여 어떤 것을 강요한 적이 없습니다. 그러나 여러 가지 일에 대해 대화를 나누고 우리의 생각을 권유하는 것까지는 합니다.

그러나 결정은 아들이 한다는 원칙을 세웠습니다.

우리가 생각하기에 매우 좋은 기회이며 방법이라 판단될지라도 본인이 원하지 않으면 강요하지 않았습니다.

초중고 12년의 기간 동안 학원은 초등학교에서 중학교를 진학하는 시점에 딱 1달 정도 갔는데 너무 밤늦게까지 그리고 주말에도 학원으로 불러 공부시키는 것을 보고 합의하에 그만뒀습니다.

학원을 가지 않아도 제법 공부를 했었기에 학교선생님들이 학부모상담 때 학원에 보내면 더 성적이 올라갈 수 있으니 학원을 보내는 게 좋겠다고 말하시는 경우가 있었습니다. 학교선생님이 사교육을 권하는 아이러니한 상황이었습니다. 그때 우리의 대답은 "본인이 필요로 하고 원한다면 학원을 가겠다고 말하겠지요"였습니다. 아이가 학원을 원하지 않았고 우리는 그래도 필요하면 언제라도 말하라고 소통하고 있었습니다. 기회는 주지만 결정은 아이가 하는 것입니다.

아이가 고등학교 1학년 시기에 캐나다와 미국에서 생활하며 공부할 수 있는 기회가 생겼습니다. 우리 부부는 '정규학교를 다 마치고 졸업해야 한다'라는 고정관념이 없었기에 검정고시로 학력을 취득해서 대학에 입학하고 바로 휴학한 후 미국으로 건너가 1~2년간 미국에서 영어 공부를 비롯하여 다양한 경험을 쌓고 돌아와서 동기들과 같이 대학을 다니면 좋을 것 같다고 판단했습니다.

그래서 이것을 권한 적이 있습니다. 새로운 환경에서 다른 문화를 경험하고 언어도 습득할 수 있는 기회라고 생각했기 때문입니다.

아들은 일주일 정도를 고민하더니 그냥 친구들과 함께 학창 시절을 보내고 싶다고 말했고 우리는 두말없이 그렇게 하라고 아들의 결정을 존중했습니다.

후일담이긴 하지만 아들이 군 제대 후 본인 군 월급을 모아 미국 남부에서 캐나다까지 다양한 코스로 계획을 짜서 한 달간 미국 여행을 다녀왔는데 다녀온 후 이런 말을 했습니다.

"그때(고등학교 때) 아빠, 엄마가 한 말 들을 걸 그랬어요. 가 보니 새로운 세계가 있더라고요."

사실 아들이 나중에 우리의 권고를 떠올리며 말하는 이런 경우가 많습니다. 그러나 우리 권고를 듣지 않은 것이 잘못된 것이나 마이너스라고 생각하지는 않습니다. 어떤 결과든 스스로 고민하고 결정한 것은 성장에 도움이 된다고 생각하기 때문입니다.

대부분의 보호자들은 자녀들이 잘 성장하길 바라고 그것을 위해 지원하고 있습니다. 그리고 그런 마음이 강해질수록 여러 가지 것들을 자녀들에게 "다 너 잘되라고 하는 거야!"라는 명분으로 강요 아닌 강요를 하고 있습니다. 그런데 그게 정말 자녀들을 위한 것인지 아니면 자신의 욕심인지 잘 생각하고 고민해야 할 문제입니다.

자녀들을 위한 것이라고 말하지만 자녀들은 원하지 않고, 그들이 생각하거나 고민할 여지도 주지 않으며 "시키는 대로 해라!"라고 강요한다면 그것은 자녀를 위한 것이 아니라 부모들을 위한 것이 아닐까요?

어리기 때문에 판단하거나 결정하는 능력이 없는 것은 아닙니다. 조금 느리거나 다르게 생각할 뿐입니다. 그 느림과 부족함에도 불구하고 스스로의 삶은 스스로가 결정할 권리가 있습니다. 불확실한 미래를 위해 오늘 그들이 누릴 수 있고 누려야 할 행복과 시간을 포기해서는 안 됩니다.

부모는 자녀들의 미래를 위해 끊임없이 고민하며 권유해야 합니다. 그러나 결정은 그들의 몫입니다. 그들의 삶이며 그들이 삶의 주인이기 때문입니다.

부모가 자녀들의 삶의 소유권을 주장해서는 안 됩니다.

세 번째, 원칙과 기준을 꼭 지키자.

이것은 첫 번째 약속을 지키는 것과 일맥상통하나 조금 다른 점이 있는데 이 원칙은 일관성에 대한 부분입니다.

아이를 양육하며 어떤 사안(사건 등)에 대해 부부가 다른 기준을 적용하지 않았습니다. 항상 같은 기준과 원칙으로 행동하고 목소리를 냈으며 이후의 동일 사안에 대해서도 항상 일관성을 유지했습니다. 일정한 기준을 제시하는 것입니다.

이러한 일정한 기준은 아이가 행동을 결정하는 데 혼란을 주지 않으며 결과를 예측 가능할 수 있도록 함으로써 스스로 판단을 내리고 행동하는 데 도움을 주었습니다.

부모님들이 흔히 하는 실수 중 하나가 기분에 따라 원칙을 깨는 것입니다. 분명 자녀를 대하는 나름의 기준과 원칙이 있을 텐데 가끔, 아주 가끔 본인들의 기분이나 컨디션에 따라 원칙과 기준을 깨고 다르게 행동할 때가 있습니다.

아주 가끔이라고 생각하지만 이러한 무원칙과 불확실성은 자녀를 존중하지 않는 태도이며 그들이 판단하고 기준을 세우는 데 혼란을 주게 됩니다. 그리고 그로 인해 부모에 대한 신뢰가 약해질 수도 있습니다.

『기분이 태도가 되지 않게』라는 책이 있습니다. 내용을 떠나 제목에서 유추해 보면 타인을 대하는 태도가 내 기분에 따라 달라져서는 안 된다는 것입니다.

자녀들과의 관계는 더 그렇습니다. 자녀는 부모의 소유물이 아닙니다. 그러나 부모는 자녀가 미성년의 기간 중에는 보호하고 양육해야 할 의무와 책임이 있습니다.

그리고 책임과 의무에는 존중도 포함된다는 것을 꼭 기억해야 합니다.

그 외에도 몇 가지 원칙들이 있지만 큰 의미에서는 일맥상통하는 것입니다.

이렇게 우리와 함께 성장한 아들은 비록 남들이 말하는 명문대는 아니지만 자신이 원하는 공부를 할 수 있는 대학에 진학했고 지금은 졸업 후 자신의 미래를 계획하며 재미나게 살고 있습니다. 우리는 아들이 사회적으로 크게 성공하거나 엄청난 부를 쌓기는 쉽지 않을 것이라고 생각합니다. 하지만 어떤 상황에서도 스스로의 삶을 결정하고 만들어 가며 행복하게 살 것이라는 확신이 있습니다.

청소년공간과 활동을 이야기하는 데 굳이 자녀를 양육하며 지켰던 원칙을 나열하는 이유는 우리 아들에게 적용했던 그 원칙을 공간에서 만나는 모든 청소년들에게 그대로 적용했기 때문이고 그 원칙을 지키는 것이 청소년들과의 신뢰로 이어졌기 때문입니다.

단순히 프로그램의 관계가 아닌 인격과 인격의 만남이 있어야 하고 서로 존중하는 관계가 형성되어야 회복이 가능합니다. 그리고 그것은 공간에 있는 청소년지도자들이 자신의 많은 부분은 내려놓아야 가능합니다.

어려운 것을 어렵게 말하는 것은 너무나 쉽습니다. 그런데 최고의 강사는 어려운 것을 전문용어를 쓰며 어렵게 말하는 사람이 아니라 어려운 것을 아주 쉽고 간단하게 말하는 사람이라고 했습니다.

이렇게 대입해 보면 최고의 청소년지도자 또는 최고의 청소년공간은 각 잡힌 모습이니 그럴듯하고 번쩍번쩍 멋있는 모습으로 청소년들 앞에 서 있는 것이 아니라 동네 삼촌이나 선배 같은 모습으로, 그리고 부담 없이 들어갈 수 있는 분식집처럼 존재해야 합니다.

가르치려는 욕심과 부담을 내려놓고 청소년들이 우리의 모습을 통해 스스로 배울 수 있도록 보여 주면 됩니다.

○ 우리에게 필요한 것은 '따뜻한 무관심'

한때 지인들에게 절대 화분 선물은 하지 말라고 부탁한 적이 있습니다. 화분 선물을 받는 족족 식물이 죽었기 때문입니다.

식물 키우는 데 소질이 없다고 생각했었는데 뭐가 바뀌었는지 지금은 식물을 잘 가꾸고 있습니다.

어떤 차이가 있었는지 생각해 보니 변화는 관심과 무관심의 경계를 잘 지켰기 때문인 것 같습니다.

식물이 죽는 가장 큰 원인 중에 하나는 '과습', 즉 물을 너무 많이 주는 것인데 과습인 경우 뿌리가 썩어 죽게 됩니다.

특히 화분의 특성상 물이 잘 빠져나가지 못하고 물을 품고 있는 경우가 많은데 식물을 아낀다고 물을 계속 주면 결국 화분 안에서 뿌리가 썩어 결국 죽게 되는 것입니다.

두 번째 원인은 '물 부족'입니다.

이것은 반대로 물을 너무 주지 않아서 말라 죽는 경우인데 돌보지 못하고 방치할 때 생기는 현상입니다.

식물을 잘 키운다는 것은, 특히 화분에 있는 식물을 잘 키운다는 것은 이 관심과 무관심의 경계, 즉 물을 주는 정도를 잘 지켜야 하는 것 같습니다.

생각해 보면 자녀들을 키우는 것도 마찬가지라고 생각합니다.

아이에 대한 관심과 무관심의 경계를 잘 지켜야 합니다.

과도한 관심과 간섭은 아이의 자율성을 해치게 되고 자기 스스로 어려움을 해결하며 성장하는 능력을 기르지 못하게 만듭니다.

이런 경우 조금의 어려움에도 좌절하게 되고 누군가(보통은 보호자나 주변의 지인)에게 도움을 요청하는데 그것이 생각대로 이루어지지 못할 때 큰 어려움을 겪을 수도 있습니다.

무관심의 경우 말 그대로 방치입니다.

필요한 것을 공급받지 못하기에 그 시기에 필요한 성장을 이루지 못하는 경우가 많습니다. 혼자 모진 풍파를 견뎌 내야 하고 결국 자신만의 방식으로 성장하여 사회에 진출하게 됩니다.

마음도 몸도 많이 상하게 된 경우가 많고 정상적인 성장이 되지 못한 경우도 많습니다.

과도한 관심이나 반대로 관심이 없는 두 경우 모두 자녀를 상하게 합니다. 적절한 선을 지키는 것이 필요합니다.

관심과 무관심의 경계를 잘 지켜야 합니다. 마음은 안타깝지만 모든 것을 아이에게 주어서는 안 됩니다. 잘못하면 과습이 되기 때문입니다. 스스로 고민하고 해결할 수 있도록 해 줘야 합니다.

그렇다고 방치하는 것은 더더욱 안 됩니다. "알아서 하겠지"라는 안일한 생각은 아이들을 더 큰 위험에 빠뜨릴 수 있습니다.

방임하는 듯 그러나 눈은 항상 아이를 향해 있어야 합니다.

그런데 이 경계를 지키기 쉽지 않습니다.

사랑의 마음이 깊을수록 더 그렇습니다.

여러 보호자분들을 만나면서 이 경계를 지키는 데 실패하여 아이와 함께 어려움을 겪는 분들을 보게 됩니다.

청소년들은 간섭하지 않고 조언하지 않아도 해결하고 만들어 낼 수 있는 능력이 있습니다.

단지 그럴 기회를 주지 않았을 뿐입니다.

시간이 걸리더라도 스스로 생각하고 고민하며 경험할 수 있는 시간을 주고 그것을 지켜봐 줘야 합니다.

지켜본다는 것은 조금 염려가 되고 믿음이 가지 않더라도 인내하며 기다리는 것입니다. 그리고 기다리다가 그들이 필요로 할 때 기댈 수 있는 언덕이 되는 것입니다.

성장의 방법과 삶에는 정답은 없고 개인이 경험하고 아는 것이 유일한 정답이 아니라는 것을 우리는 알고 있습니다.

어떤 길을 가는 방법이 오직 하나인 것은 아닙니다. 이와 같이 인생의 삶을 살아가는 데도 여러 가지 방법과 가능성이 있고 우리는 청소년들이 그 방법과 가능성을 발견하도록 기회와 시간을 주어야 합니다.

이런 것들을 모두 알고 있음에도 자녀들이나 내가 만나는 청소년들에게 내가 아는 정답이 유일하다고 생각하거나 가장 최선의 것이라고 판단하고 강요하고 싶은 욕구가 있는데 그것을 포기해야 합니다. 물 한 번 더 주고 싶은 욕구를 참아야 합니다.

청소년들을 믿어 주고 그들에게 기회를 주어야 합니다.

2부

변화와 성장 이야기

4장
·······

성장을 위한 방향은

○ 실패를 응원하는 사람들

진우(가명)와는 중1부터 고3까지 시간을 함께 보냈습니다. 좋게 말하면 활발하고 나쁘게 말하면 학교에서 요주의 인물이었습니다. 다른 친구를 괴롭히는 일진은 아니었고 개인적으로 약간의 일탈행동이 있는 친구였습니다.

1318상상발전소를 찾아왔고 우연인 듯 필연적으로 삶을 나누게 되었습니다. 가정형편이 좋지 않았지만 성격은 밝았습니다. 활동적인 것을 좋아해서 공간의 댄스팀에서 활동을 하기도 했고 밴드팀에서 활동하기도 했습니다. 처음에는 약간 경계하시던 보호자분들도 시간이 지나면서 이 친구에게 이렇게 말하셨다고 합니다.

"청카 쌤이 말씀하시는 것은 죽으라는 것 빼고 다 해도 된다."

다소 과격한 표현이지만 더할 수 없는 신뢰를 나타내는 말이라 생각합니다.

여담이지만 이 청소년이 다니는 학교의 선생님이 1318상상발전소를 방문하신 적이 있는데 공간에서 활동하는 이 청소년을 보셨습니다. 평소에도 이 친구에 대해 관심을 갖고 신경을 많이 쓰고 계셨습니다.

그 선생님이 공간에서의 청소년 모습을 보시고 설명을 들으신 후에 이런 말씀을 하셨습니다.

"제가 관심 갖고 잘 지도해서 아이가 변한 줄 알았더니 1318상상발전소에서 활동하며 회복되고 변한 것이었군요. 너무 좋습니다."

완전히 틀린 말은 아니지만 완전히 맞는 말도 아닙니다. 선생님의 말씀은 과찬이시고 저희는 선생님께서도 엄청난 역할을 하셨다고 생각합니다. 항상 주장하지만 아이는 어느 한 기관이나 사람이 돌보거나 양육하는 것이 아니라 모두가 함께 힘을 합쳐 양육하는 것이기 때문입니다.

어느 날 이 친구가 찾아와 울면서 말을 합니다.

진우: 꼭 하고 싶은 게 있어요. 그린데 집에서는 시원해 줄 수가 없어요.

나: 그게 뭔데?

진우: 일렉기타를 배우고 싶어요. 저는 기타로 우리나라를 뒤집어 놓을 자신이 있어요.

나: 그래? 그럼 한번 해 볼까?

간단한 대화를 시작으로 우리는 자원을 모집하였고 전문교육을 받을 수 있는 학원을 연계하여 교육을 시작했습니다.

(짧게 두 줄로 기술했지만 매우 많은 과정이 있었습니다.)

참고로 우리가 자원을 모집하거나 연계할 때 가장 주의하는 것은 절대 아이들이 불쌍하게 보이지 않도록 하는 것입니다.

소위 말하는 '빈곤포르노'를 반대하고 절대 그런 식으로 후원접근을 하지 않기 위해 최대한 노력하고 있습니다.

청소년들의 꿈과 가능성에 함께 하는 것이지 불쌍해서 도와주는 것은 아닙니다. 그리고 후원의 대부분은 직접적인 활동이나 공간을 위해 사용된다는 것을 명확히 하고 있습니다.

어쨌든 지역사회에서 후원금을 연계하고 지원하여 기타교육을 시작했으며 진우는 자신이 말한 대로 정말 열심히 배우고 연습하였습니다.

그렇게 1년여가 지난 어느 날 다시 진우가 말했습니다.

진우: 선생님 진지하게 드릴 말씀이 있습니다.

나: 뭔데?

진우: 선생님! 기타는 제 길이 아닌 것 같아요.

나: 기타로 우리나라를 뒤집어 놓는다며?

진우: 그럴 자신이 있었는데 가 보니 너무나 날고 기는 아이들
      이 많더라고요. 1년여간 정말 열심히 해 봤는데 이걸로
      밥 먹으며 살기는 어렵다는 판단을 했습니다. 기타는 취

미의 영역으로 해 보겠습니다.

나: 후회하지 않겠어?

진우: 네.

나: 그래 알았다. 내가 그동안 진우가 정말 열심히 해 온 것을 봤고 그 노력과 열심을 칭찬해. 그리고 네 결정을 존중해. 노력과 열심 후에 내린 결정이 실패가 아닌 열정으로 기억되었으면 좋겠고 최선을 다할 때에 느낀 행복함을 잊지 않았으면 좋겠다. 그리고 그 노력을 바탕으로 또 다른 도전을 하면 좋겠어.

진우: 네 알겠습니다. 감사합니다.

이렇게 진우의 첫 번째 도전은 실패로 마무리되었습니다. 그러나 그 시간이 실패라고 생각하지 않습니다. 도전의 시간과 과정을 통해 그 청소년이 배운 것이 더 많을 것이라 확신합니다.

우리는 후원을 연계했기 때문에 눈에 보이는 결과를 내고 박수 받을 만한 성과를 내야 한다고 생각하지 않습니다. 과정이 성과이고 실패가 가장 큰 배움이라고 생각합니다.

단지 도전할 수 없는 환경에 있는 청소년이 도전하고 경험할 수 있도록 함께한 것이 기뻤습니다. 그리고 그 과정을 충실히 했다는 것을 알기에 더 가치 있었습니다.

진우는 이후에도 운동에 도전하기도 했고 패션 공부도 했습니다. 특성화고등학교를 갔다가 다시 일반고등학교로 전학하기도 하며 실패를 두려워하지 않고 여러 가지 경험과 도전을 했습니다.

1318상상발전소에서 할 수 있는 모든 활동과 경험에 참여했으며 나중에는 공부에도 힘을 쏟은 결과 결국 서울에 있는 한 대학교에 진학하였습니다. 그리고 지금도 여전히 새로운 경험에 도전하고 있으며 자신의 길을 찾기 위해 노력하고 있습니다.

남들은 이 친구의 현재 모습이 불안정하고 허송세월을 보내고 있는 것으로 여길 수도 있습니다. 그러나 우리는 진우가 스스로의 삶을 가장 자기 주도적으로 가치 있게 살고 있다고 생각하며 이런 시간과 과정을 통해 결국은 자신이 가장 원하는 것을 발견할 것이라 확신합니다.

> 이 공간에서 다양한 활동과 경험을 하면서, 제가 무엇을 좋아하고 어떤 걸 잘하는지 조금씩 알게 되었습니다.
> 그 과정에서 스스로에 대한 믿음도 생기고, 자존감도 눈에 띄게 높아졌습니다.
> 단순히 시간을 보내는 곳이 아니라, 저 자신을 알아 가고 성장할 수 있었던 정말 소중한 공간이었습니다.
>
> (진우)

혼히 청소년의 시기가 중요하다고 말하고 '이 시기에 공부를 열심히 해야 평생 길이 열리니 딴 생각하지 말고 공부 열심히 해서 좋은 대학에 가야 한다'라고 말하곤 합니다.

청소년의 시기가 인생에 있어서 중요한 것은 분명하지만 사람의 인생은 13~18세 청소년의 시기에 결정되지도 결정할 수도 없습니다. 우리의 삶에는 너무나 많은 가능성과 방향, 변수와 변화가 있기 때문입니다.

그런데 그 시기에 한 가지 결정을 하도록 하고 다른 것을 생각하지도 고민하지도 말고 흡사 경주마처럼 양옆을 볼 수 없게 가려놓고 주변을 돌아보지 말고 앞만 보며 달리라고 강요하는 것은 너무 가혹합니다.

대부분의 부모님들은 과거에 본인들이 공부를 열심히 하지 않았다던가 아니면 환경적인 이유로 하지 못했던 것을 아쉬워합니다. 그래서 그때 더 열심히 공부하고 노력했다면 지금보다 나은 삶을 살고 있을 것이라는 '후회'와 '추측', 아니면 '바람'을 갖고 있습니다. 그리고 그 근거 없는 바람으로 자녀들이 공부라는 틀 안에서 행동하고 성장하길 희망합니다. 그 모든 것이 자녀들에 대한 '사랑'과 '염려'로 인한 것이라는 것은 믿어 의심치 않습니다.

그러나 부모님들의 바람은 바람일 뿐 삶은 결코 그렇게 살아지지도 흘러가지도 않습니다. 삶은 아무도 알 수 없고 불확실한 것입니다.

자녀들에게 권유를 가장한 강요(?)를 하는 부모님들도 이 사실을 너무나 잘 알고 있습니다. 그렇기에 불확실한 그것을 위해 청소년들이 지금을 포기하며 살아가도록 종용하는 것은 일종의 폭력이라 생각합니다.

청소년들이 정말 원하는 도전을 할 수 있도록 그리고 많은 실패가 경험이 된다는 것을 인정하고 보호자들의 꿈과 바람을 참으며 기회를 주는 용기가 필요합니다.

○ **"나도 해 볼까?"라고 말하기까지**

청소년들이 미래를 위해 아니 자신의 꿈을 위해 도전하지 못하는(때로는 않는) 이유는 다양합니다.

첫 번째는, 본인도 부모님도 스스로에 대해 알지 못하고 갈팡질팡하는 경우입니다.

일반 학업을 통해 대학에 진학하고 취업을 하는 경우는 그것이 그 청소년의 적성이나 방향의 옳고 그름에 상관없이 상대적으로 판단을 내리고 결정하기가 수월합니다. 그런데 공부도 잘 안되고 특별한 장점도 발견하기 어려울 때는 진로 결정이 어렵습니다. 더군다나 보호자가 전문성이 없고 자녀와 충분한 교감이 되고 있지 않을 때는 더욱 그렇습니다.

예성(가명)이가 그런 경우였습니다.

이 청소년은 가정의 경제적 상황은 좋았지만 미래에 대한 아무런 계획도 생각도 없었습니다. 더욱이 중학교 시절 학교생활도 적응하지 못해 여러 번 전학을 다녔고 아버지와 사이도 좋지 않아 바깥으로 돌며 방황하고 있던 친구였습니다.

공간에서 예성이를 만났을 때 처음에는 조금 경계하며 곁을 내주지 않았습니다. 강해 보이지만 약한 친구였고 자존감이 무척 낮은 상태였습니다. 가까워지기 쉽지 않았지만 시간을 함께 보내다 보니 어느새 가까워졌고 속내를 나누는 사이가 되었습니다.

알고 보니 어린 시절 권위적인 아버지로 인해 자존감이 낮아졌고 지금은 반항할 나이가 되어 아버지와 가정에 반항하고 있는 상황이었습니다.

자존감이 낮다는 것의 무서운 점은 자신을 사랑하지 못하고 스스로를 하찮게 여기도록 만든다는 것입니다. 자신을 하찮게 생각하니 함부로 생활하고 용기를 내서 어떤 것도 해 볼 엄두를 내지 못합니다.

우리는 먼저 자존감이 너무 낮아서 스스로를 사랑하지 못하는 예성이를 칭찬하기 시작했습니다. 사실 칭찬이라기보다는 있는 그대로의 모습을 알려 주는 것이었습니다.

그 친구는 누가 봐도 매력적인 외모와 매력적인 목소리 등을 가지고 있었으나 자신은 그것을 인정하지 않았습니다. 칭찬받지 못하고 권위로 인한 억눌림 때문에 마음속 깊이 자리 잡은 낮은 자존감 때문이었습니다.

계속되는 칭찬 세례에 예성이는 아니라고 손사래를 치기도 하고 경험해 보지 못한 상황에 갸우뚱하기도 했습니다.

기분이 좋았지만 여전히 스스로에 대한 믿음을 갖지 못하고 있었습니다.

그러던 중 친구들의 손에 이끌려 밴드부 활동을 시작하게 되었고(어쩌면 밴드부 활동도 스스로의 결정권이 없었기에 가능했을지도 모릅니다. 의욕은 없지만 친구들이 하자고 하니 어쩔 수 없이 하게 된 것입니다) 우리는 예성이가 가진 매력적인 목소리를 강점으로 활동에 적극적으로 참여할 수 있도록 함께하였습니다.

이후 연습의 과정과 크고 작은 여러 번의 무대에서 박수를 받고 각종 대회에서 성공과 좌절을 맛보며 본인이 생각지 못했지만 점차 강해졌고 자신을 사랑하게 되었습니다.

몇 년의 시간이 지나면서 우리는 예성이가 재즈보컬리스트로서의 자질이 있다고 판단했고 여러 번의 만남과 상담을 통해 본인이 도전하고자 하는 의지를 확인했습니다. 보호자와 의논하여 전문교육기관에서 함께 상담하고 입시를 준비했습니다.

열심히 노력했지만 결과적으로 음악전공 입시에 성공하지는 못했습니다. 그러나 그 청소년이나 보호자 그리고 우리까지 모두 만족하는 도전이었습니다. 왜냐하면 그 이전까지는 이런 도전을 생각하지도 못했을뿐

더러 시도하는 것은 엄두도 내지 못했기 때문입니다. 도전을 생각하고 실행에 옮긴 것 자체가 큰 사건과 변화이며 성장이었습니다.

실용음악으로의 진학은 실패했지만 예성이는 고등학교 졸업 후 일반 대학으로 진학했고 자신의 길을 찾아 여러 가지 도전을 하고 있습니다. 어떤 결과물이 나올지 모르겠지만 저는 예성이가 가장 가치 있고 행복한 자신만의 삶을 살아갈 것이라 확신합니다.

두 번째로 현실적으로 경제적인 어려움 때문입니다.

꿈꾸고 생각하는 진로의 방향은 있으나 가정에서의 지원이 어려운 경우 청소년들(조금 철이 일찍 난 친구들)은 포기하는 경우가 많습니다. 아니면 현실을 원망하고 그저 방황하는 경우도 발생합니다. 안타까운 현실입니다.

지만(가명)이는 이러한 현실적인 어려움 때문에 자신의 꿈을 포기해야 했습니다.

초등학교 2, 3학년 즈음에 만난 지만이는 학교 방과 후 교실에서 기타를 배우며 한창 기타에 불이 붙어 있던 시기였습니다. 나이는 어렸지만 제법 기타를 잘 쳤고 저는 기타를 전공으로 해도 충분히 가능하겠다는 말을 부모님들께 건넨 기억이 있습니다.

> 아무래도 우리가 악기 봉사활동을 시작으로 하다 보니 사업비 없이 아이들에게 해 줄 수 있는 부분이 악기레슨이었습니다. 그래서 초창기에는 악기로 인연이 이어진 경우가 많습니다.

그렇게 시간이 흘렀고 중학교 시절 다시 만난 자리에서 기타에 대해 묻게 되었는데 지금은 기타를 치고 있지 않는다는 말을 들었습니다. (개인적으로 부모님과 만남을 갖고 있어서 가끔 얼굴을 보곤 했지만 기타에 대해서는 묻거나 하지는 않았습니다.)

초등 시절 방과후교실에서 배우는 것에는 한계가 있었고 이 친구의 실력은 이미 그 수준을 넘어선 상태였습니다. 다른 교육을 받아야 했는데 가정의 경제상황은 기타교육을 지원할 수 없는 현실이었습니다. 지만이는 그것을 알고 기타를 포기했던 것입니다.

우리는 기관 내에서 진행하던 기타레슨을 권유했고 본인이 동의하여 교육을 시작하였습니다. 집과 1318상상발전소 조금 거리가 있었음에도 거부하지 않고 교육에 참여했다는 것은 마음속 깊은 곳에 기타에 대한 아쉬움과 열정이 남아 있었다는 반증이었습니다.

지만이는 1318상상발전소에서 2년여 기간 동안 기타교육을 받았고 밴드활동을 통해 다양한 무대를 경험하였습니다. 그리고 그것을 계기로 지만이의 재능을 후원하는 후원자와 연결되어 실용음악과에 진학했으며 현재는 졸업 후 필드에서 활동 중입니다.

1318상상발전소가 모든 것을 지원하지는 못했습니다. 그러나 시작할 수 있는 용기를 주었고 바탕을 만들어 주었습니다. 한 아이를 한 기관이나 개인이 키우고 성장시킬 수 있는 것은 아닙니다. 모두가 힘을 합쳐 장점과 가능한 것을 구분하여 현 상황에서 할 수 있는 최선의 것으로 함께 하면 됩니다. 그때 긍정적인 과정과 결과가 나타나게 됩니다.

우리의 역할은 결과물을 만드는 것이 아닙니다.

"나도 해 볼까? 나도 할 수 있을까?"라는 질문에 응답하여 함께 고민하는 것입니다.

함께 고민하고 도전하는 그 자체가 의미 있습니다.

우리의 역할은 그것을 함께하는 것입니다.

아무것도 하지 않아도 되지만
무엇이든 할 수 있는 청소년공간이야기

5장

·······

신나는 작당모의

○ 결과가 아닌 과정의 소중함

1318상상발전소 청소년공간에서는 청소년들이 자유롭게 시간을 보내며 활동하고 있습니다.

자신들의 시간을 스스로 결정하여 사용할 수 있도록 해 주면 생각지도 못한 창의적인 생각과 활동이 생기는 것을 볼 수 있습니다.

현재 1318상상발전소에는 7개의 청소년자치활동 기구가 있는데 모든 모임은 기관에서 만들어 모집하는 것이 아니라 청소년들이 공간에서 자유롭게 활동을 하다가 그들의 '요구와 필요'에 의해 만들어지고 운영되고 있습니다.

청소년자치활동기구는 청소년들의 요청이 있다면 어떤 성격이나 종류에 상관없이 만들 수 있습니다. 그리고 우리는 그 운영에 필요한 것들도 최선을 다해 지원합니다.

자치활동기구의 활동은 선언적 문구에 그치지 않고 실제로 청소년들이 주인이 되어 운영됩니다. 그렇기 때문에 활동과 운영을 청소년들이 자율권을 갖고 하는 것이 원칙이며 동시에 책임도 함께 가져야만 합니다. 왜냐하면 청소년들이 만들고 운영하는 청소년자치활동기구이기 때문입니다.

청소년활동! 청소년 자치를 한다는 것은 끊임없이 기다리는 과정입니다. 그리고 흔들리지 않고 지지해 주는 것입니다.

우리는 이미 살아온 많은 경험으로 인해 어떤 상황이나 과정이 '그럴 것이다'라고 예측 하는 경우가 많고 이런 일은 저렇게 해야 한다는 나름의 원칙과 편견을 가지고 있습니다.

청소년활동, 청소년자치활동을 지지한다는 것은 이러한 원칙과 편견을 내려놓고 인내하며 기다리는 것입니다.

청소년지도자는 끊임없이 새로운 대안을 준비하고 만들어내지만 섣불리 제시하지 않고 힘에 부쳐 어려워할 때 살짝 힘을 보태 줘야 합니다. 그때 자치와 활동의 근육, 생각의 근육, 삶의 근육이 만들어지게 됩니다.

그러나 대부분은 그곳에 도달할 때까지 기다리지 못합니다.

왜냐하면 활동의 성과를 만들어야 하는 조급함이 있기 때문입니다. 과정이 성과인데 대부분의 기관이나 어른들은 눈에 보이는 가시적인 결과를 중요시합니다.

이것에 대한 유혹을 참고 얽매이지 않아야 하는데 쉽지 않습니다.

그래서 청소년활동, 청소년자치활동은 쉽지 않습니다.

어떤 분들은 1318상상발전소의 청소년자치활동기구 운영이 이상적이라고도 하고 겉으로 드러나는 결과만 보며 놀라거나 부러워하시기도 합니다.

먼저 말씀드리면 1318상상발전소의 모든 구성원들은 청소년자치활동 기구 운영의 이상을 현실로 만들기 위해 몸부림치며 함께하고 있으며, 단지 눈에 보이는 결과를 만들기 위해 운영하지 않습니다. 활동의 과정을 가장 중요하게 여기며 결과물은 과정을 통해 나타나는 것으로 여깁니다. 결과물이 좋을 수도 조금 부족할 수도 있지만 그 결과물로 청소년들을 질책하거나 담당 청소년지도자를 압박하는 일은 없습니다. 다만 앞서 말씀드렸듯 청소년 스스로 하고자 한 부분에 책임을 다하도록 이끌고 있습니다.

단언컨대 활동을 통해 겉으로 보이는 결과는 비슷해 보일지라도 시작과 과정은 완전히 다르다고 말씀드릴 수 있습니다.

우리는 청소년들이 스스로 멤버들과 부딪히고 조율하며 함께 만들어가는 과정을 통해 성장하는 것을 가장 중요한 가치로 보고 있습니다.

과정의 소중함과 가치를 통해 만들어지는 멋진 청소년자치활동기구 이야기입니다.

○ 청소년운영위원회의 시작
― 청소년이 공간의 주인공이 되는 순간

1318상상발전소의 청소년운영위원회도 그랬습니다.

공간 운영 초기에는 몰려드는 아이들로 정신을 차릴 수 없었고 뭔가를 계획할 여유가 없었습니다. 그러던 중 아이들 가운데 "청카에서도 학생회 같은 그런 것을 만들어 보면 어떨까?"라는 이야기가 나왔고 그 이야기를 듣는 순간 우리는 청소년운영위원회 조직을 권유하였습니다.

얼떨떨한 아이들에게 청소년운영위원회가 무엇을 하는 것인지 설명해 주고 몇몇 친구들을 중심으로 안내를 시작했습니다.

처음에 참여했던 친구들은 학교에서 학생회 활동을 하던 친구들부터 급식을 먹기 위해 학교를 가는 친구까지 정말 다양하게 구성되었습니다. 그러나 소위 말하는 잘나가는 친구들보다는 소외되고 관심받지 못하는 친구들이 주를 이루고 있었습니다.

운영이 가능할까 의문이 생기는 구성이었지만 의욕만은 매우 높았습니다. 위촉식 전 예비모임을 꾸준히 진행하고 나름대로 사업계획을 수립하는 등 운영위원회의 모습을 갖추기 위해 노력했고 내부 조직도 스스로 만들었습니다. 물음표로 시작되었지만 그럴듯한 모습으로 만들어졌습니다.

우리는 위촉식을 준비해 위촉장을 전달하며 청소년운영위원회의 출발을 격려하였습니다.

1기 청소년운영위원회 위촉장을 전달하던 날 에피소드가 있는데 운영위 중 한 친구가 교통사고로 다리를 다쳐 입원을 하게 되었습니다. 어쩔 수 없이 나중에 전달하기로 하고 위촉식을 진행하려는데 그 친구가 환자복을 입고 목발을 짚은 채 나타났습니다. 위촉장을 받기 위해 병원에서 외출증을 발급받고 위촉식에 참여한 것입니다. 나중에 들어 보니 중3이었던 그 친구는 난생처음 이런 것을 받아보는 것이라며 위촉장을 꼭 받고 싶어서 다리가 아프지만 부모님을 설득해서 참석했다고 합니다. 지금도 환자복을 입고 위촉장을 들고 있는 그 친구의 사진을 보면 재미나기도 하고 울컥하기도 합니다. 위촉장이 뭐라고 그것을 위해 그렇게까지 했을까?

생각해 보건대 위촉장이 문제가 아니라 단 한 번도 인정받지 못하고 존재의 소중함을 알지 못한 채 살아 왔었지만 지금은 조직의 일원으로 당당히 인정받고 중요한 역할을 하고 있다는 자부심이 소중했던 것은 아닌가 생각해 봅니다.

○ 존중과 배려가 있는 진짜 민주주의

1318상상발전소 청소년운영위원회의 명칭은 'MoA'입니다. 여러 청소년들의 의견을 '모아모아' 잘해 보겠다는 의미가 담겨 있습니다. 너무나 민주적입니다. 그런데 이 모임은 매우 재미난 조직입니다. '재미나다'는 표현이 여러 의미가 있을 수 있는데

첫 번째, 문턱이 매우 낮습니다.

학교 학생회 같은 곳에 임원이 되기 위해서는 선거운동도 하고 자기 어필도 해서 선출이 되어야 하지만 청운위는 그런 과정이 상대적으로 수월

합니다. 중요한 것은 하고자 하는 본인의 의지입니다.

압박면접(?)이 있지만 탈락시키고자 하는 의도의 면접이라기보다는 (선배 위원들이 함께 자리하여) 청소년운영위원회에 대해 설명하고 지원자의 활동의지를 확인하고자 하는 면접입니다. 그리고 그 또한 경험과 성장의 한 과정입니다.

참고로 1318상상발전소는 청소년운영위원회뿐만 아니라 문화예술교육, 캠프지원자, 자치활동지원, 멘토링, 그 외 자원봉사활동까지 모든 활동을 면접(인터뷰)을 통해 결정합니다.

어떤 친구는 면접이 두려워 지원을 못하겠다는 말을 하기도 하는데 왜냐하면 면접이 생각보다는 강도(?) 높게 진행되기 때문입니다. 면접의 강도가 높은 이유는 청소년들이 청산유수와 같이 말하는 것을 떠나 어눌하더라도 자신의 생각과 의견을 당당하게 표현할 수 있는 기회를 주기 위해서입니다.

가끔 자신의 의지가 아닌 부모님이 설득하고 신청하여 면접에 응하는 경우가 있습니다. 이런 경우 대부분은 면접과정에서 걸러지게 됩니다. 이야기를 나누다 보면 그 친구의 생각과 의지를 알 수 있고 타의에 의해 지원한 친구들은 그 의지가 매우 낮기 때문입니다. 우리가 중요하게 생각하는 것은 유려한 말솜씨나 실력 그리고 스펙이 아닌 함께하고자 하는 의지입니다.

많은 청소년들이 공적인 자리에서 자신의 생각과 의견을 표현해 보지 못한 채 성장하여 사회에 진출하는 경우가 많습니다.

예를 들어 기관에서 동료직원을 채용하기 위해 면접을 진행할 때 보면 긴장해서 본인의 생각을 제대로 말하지 못하는 분들을 만날 때가 있는데 그것은 역량의 부족이라기보다는 공적인 인터뷰 자리에서 본인의 생각을 정확히 표현해 보는 경험의 부족 때문이라고 생각합니다.

우리가 면접, 인터뷰를 강조하는 이유는 스스로 결정하여 말하는 경험을 통해 성장할 수 있도록 하기 위해서입니다.

서린(가명)이는 다른 사람에서 말을 하는 능력이 매우 떨어지는 친구입니다. 일대일로 대화할 때는 편안하지만 공적이 자리에서는 땀을 비오듯 쏟으며 제대로 말을 하지 못합니다.

몇 년간 자치활동과 청운위 활동을 함께 했는데 처음 활동을 시작할 때 하고는 싶지만 인터뷰에 대한 부담감으로 활동 지원을 포기하려 했던 적도 있습니다. 결국은 용기를 내서 지원하여 열심히 활동하였습니다. 한 번은 멤버 전원이 대중 앞에서 어떤 슬로건을 발표하는 시간이 있었는데 맡은 몇 마디를 발표하기 위해 며칠을 연습하고 노력해서 성공한 적도 있습니다. 그때 타박하시 않고 기다려 준 친구들이 힘이 되었습니다. 이런 격려와 경험을 통해 점차 용기를 얻고 성장하게 되었습니다.

서린이가 고등학교 2학년 때, 함께 이야기를 나누던 중 서린이는 진로 선택을 위해 OO산업학교에서 위탁교육 받기를 원하지만 입학을 위한 면접이 상당히 어렵고 강하다는 소문에 응시를 주저하고 있으며 비교적 수월하다고 알려진 다른 학교를 지원하려고 한다고 말을 했습니다. 그런데 우리는 원래 생각했던 OO산업학교로 가는 것이 서린이의 진로에 도움이 될 것이라 판단하고 계속 권유하며 용기를 주었습니다.

"낙방하면 어떠니? 다른 방법이 생기겠지. 도전하는 게 좋지 않을까?" 라는 말로 권유했고 지금까지의 활동과 경험을 언급하며 변화하고 성장한 스스로의 모습을 자각시켜 주었습니다.

자신감을 회복한 서린이는 용기를 냈고 마음을 바꿔 응시한 결과 합격을 맛보았습니다. 합격 후 전화 와서 큰소리로 합격 소식을 전하던 것이 기억납니다. 나중에 1318상상발전소에서 경험했던 여러 번의 면접과 대인응대 활동이 큰 도움이 되었다고 말하기도 했습니다.

이와 같이 1318상상발전소의 청운위 문턱이 낮습니다. 그러나 프리패스는 아닙니다. 스스로의 선택이 있어야 합니다. 그리고 그 경험을 통해 성장할 수 있도록 지원합니다.

두 번째는, 구성원이 매우 다양하다는 것입니다.

어떻게 보면 미리 경험해 보는 작은 사회와 같습니다. 비슷한 또래들로만 구성되는 학교와는 달리 중학교 1학년에서 고등학교 3학년 때까지 때로는 학교 밖 청소년까지 포함하여 다양한 학년과 학교, 성별의 청소년들이 모여 있습니다. 이곳에서 교류하며 서로의 입장을 이해하고 받아들이는 사회를 경험하고 있습니다.

우리는 이것을 당연하게 받아들이고 있지만 가끔 보호자나 학교선생님들과 청운위에 대해 이야기 나누다 보면 구성이 이렇게 다양한 줄은 몰랐다고 하며 놀라실 때가 있습니다. 물론 학교 학급의 구성원도 다양한 성향의 친구들이 모여 있기는 하지만 청운위는 좀 더 폭넓고 다양한 친구들이 모여서 합을 맞추고 있기 때문입니다.

사실 1318상상발전소의 모든 자치활동기구들이 그렇습니다. 중1에서 고3의 범위에 속해 있다면 학교와 성별에 상관없이 함께 어우러져 연합으로 활동하고 있습니다. 이 시기의 1, 2년은 매우 큰 차이가 있기에 처음에는 서로 적응하고 맞추는 데 어려움이 발생하기도 하지만 청소년들은 슬기롭게 극복하고 원팀을 만들어 냅니다. 이들을 보며 배우는 부분이기도 합니다.

세 번째, 인정하고 존중하는 모습입니다.

청소년들에게 강조하고 확신을 주는 것 중에 하나가 이 '공간에서는 모두가 소중한 존재이고 평등하다'라는 것입니다. 이곳에서는 학교 성적이나 외모, 국적, 재능, 경제 상황 등으로 인한 차별이 일어나지 않습니다. 공간에서 청소년들은 모두 소중한 존재이며 우리는 그들을 같은 마음으로 대하기 위해 최선을 다하고 있습니다.

앞서 청운위의 구성이 매우 다양하다고 말했는데 그 다양성과 함께 중요한 것은 평등성입니다. 학교나 다른 곳에서는 어떻지 몰라도 청운위 내에서는 모두가 같은 기회를 부여받을 수 있고 존중받을 수 있습니다.

청운위원장 선출은 내부에서 자체적으로 진행하는데 가끔 같은 학교에 다니는 친구들이 출마하는 경우가 있었습니다. 선출된 후 결과를 보니 청운위원장에 당선된 친구는 학교에서 성적이 거의 바닥이고 주목받지 못하는 친구였는데 낙선한 친구는 전교회장도 하고 학교 성적도 매우 우수한 친구였습니다. 청운위에서의 결과는 학교와 반대로 나왔지만 위원들은 자연스럽게 받아들였고 오히려 낙선한 친구가 총무로서 위원장을 지원하는 역할을 맡아 한 해 동안 재미나게 활동하는 것을 본 적이 있습니다.

어쩌면 자존심이 상할 수도 있고 "그래 잘하나 두고 보겠어!"라며 팔짱 끼고 딴지를 걸 수도 있었지만 전혀 그러지 않았고 결과에 승복하고 존중하는 모습을 보였습니다.

우리가 민주시민교육이라는 타이틀로 교육하지 않고 시간을 들여 이론을 강의하거나 목차를 만들어 외우게 하지 않지만 청운위의 과정과 활동이 삶 속에서 자연스럽게 체득하는 민주시민교육이 아닐까 생각합니다.

민주시민이란 거창한 것이 아닌 타인의 인격을 존중하고 절차와 원칙을 소중하게 여기며 자신의 의견을 타인에게 피력할 수 있는 역량을 가진 사람이 아닐까 생각해 봅니다.

청소년운영위원회는 작은 모임이지만 청소년들은 이곳에서 사회를 경험하고 민주를 배우고 과정의 기쁨과 결과의 소중함을 배우고 있습니다. 화려하지 않지만 이 정도면 멋진 친구들이 아닐까요?

○ 상상이 현실이 되는 청소년운영위원회

1318상상발전소의 청소년운영위원회 'MoA'에 대해 조금 더 이야기해 보면 'MoA'에서는 소위 말하는 공익적, 공공성, 착함 등을 강조하지 않았습니다. 처음에는 특별한 방향성을 잡지 않았고 아무 제한도 없이 그들이 원하는 것들을 할 수 있도록 했습니다.

담당자나 기관의 입장에서는 **특별**한 방향성을 제시하지 않는다는 것이 매우 불안하고 무책임한 것이 아닌가 하는 생각이나 염려가 있을 수 있다고 생각합니다. 그러나 다양한 가능성을 무제한으로 열어 놓는다는 관점으로 볼 때는 느리지만 가장 좋은 시작입니다.

그래서 캠페인, 봉사와 같은 것을 이야기하기보다는 스스로 기획하여 하고 싶은 것이 무엇인지 함께 고민했고 그 소재에 제한을 두지 않았습니다. 그래서 나온 첫 번째 행사는 LOL(League Of Legends) 대회였습니다. 지금도 그렇지만 당시에 LOL이 유행이었고 선수들이나 대회가 청소년들 사이에서는 선망의 대상이었습니다. 소위 핫한 아이템이었습니다. 그것을 실제로 구현해 보고 싶다는 생각에 기획을 하고 추진하였습니다.

대회의 시기와 방식을 결정하고 홍보물을 만들어(지금처럼 미리캔버스 같은 도구가 대중화되지 않았을 때였기에 한 땀 한 땀 그려서 만들었습니다) 부착하고 신청을 받았습니다.

중요한 것은 경기 장면을 송출하는 것인데 여기에는 기술적인 방법이 들어가야 했습니다. 모두가 난감해하고 있을 때 운영위 친구들이 모여 연구한 끝에 방법을 알아내어 두 대의 컴퓨터가 하는 경기를 빔프로젝트로 송출할 수 있게 되었습니다.

대회 당일은 나름 중계진도 갖추고 경기 장면을 중계하기도 했습니다. 경기 중계를 한 친구는 운영위는 아니었으나 운영위가 섭외하여 중계를 하게 되었습니다. 사실 게임 중계를 해 본 친구도 아니고 학교에서 약간 강한 성향의 친구(소심한 친구들이 처음 보면 무서워할 정도로 싸움을 잘하는 숨은 강자)인데 LOL 실력은 물론 재치 있는 입담까지 뛰어나다는 소문이 자자한 친구였습니다. 비하인드스토리이지만, 그 친구가 직접 대회에 참여하면 우승은 이미 정해진 결과나 다름없다며 운영위원들이 용기를 내어 요청했고 생각보다 너무나 흔쾌히 받아들여 중계를 하게 되었습니다. 그 친구 입장에서는 큰 결심을 한 것이죠. 저는 게임을 잘 모르지만 듣는 아이들이 매우 즐거워했으니 나름 경기 중계를 잘한 것 같습니다.

이렇게 청소년운영위원회의 첫 번째 기획인 LOL 대회를 성공적으로 마치고 할리갈리대회, 생일잔치, 할로윈데이, 코미디페이스페인팅대회 등 학교에서는 시도해 보지 못하는 기발하고도 새로운 프로그램을 만들어 진행하였습니다.

이 책을 쓰며 지난 활동들이 담긴 사진을 돌아보게 되었는데 아이들의 표정이 정말 행복하고 어느 한 친구도 얼굴에 그늘이 없는 게 너무나 좋았습니다.

어떤 이념이나 가치를 심어 주는 것도 너무나 필요하고 중요합니다. 그리고 우리도 하고 싶은 말, 교육하고 싶은 것이 너무나 많습니다. 그러나 그런 모든 것에 앞서 함께 무엇인가를 의논하고 협의의 과정을 통해 결과물을 만들어 내는 그 경험이 청소년의 시기에는 더 필요하지 않을까 생각했습니다.

그래서 꾹 참고 과정의 기쁨 그리고 상상이 현실이 되는 것에 대한 성

아무것도 하지 않아도 되지만
무엇이든 할 수 있는 청소년공간이야기

취감을 경험할 수 있도록 장(場)을 제공하고 언덕이 되어 주었습니다. 그리고 청소년들은 그 안에서 성장하였습니다.

이렇게 시작된 청소년운영위원회 'MoA'는 1기로부터 지금은 11기에 이르고 있는데, 그러한 선배들의 경험과 전통을 이어받아 재미나고 기발한 행사를 기획하는 것은 물론 '세월호기억활동'이나 '환경보호캠페인' 또는 신학기를 시작할 때 '동기 선후배들을 응원하는 파티' 등 재미와 공익적인 측면을 모두 감당하는 활동을 진행하고 있습니다.

조금 시간이 걸릴 뿐이지 청소년들은 모두 해내고 아주 바람직한 방향으로 성장합니다.

우리는 기다려 주고 울타리가 되어 주기만 하면 됩니다.

○ 어, 이게 된다고?

많은 분들이 1318상상발전소 청소년운영위원회 'MoA'의 활동을 보며 놀라는 부분은 그 운영의 자율성과 자치성입니다.

학교나 청소년기관 등에서 청소년자치를 강조하고 활동의 자율성이 중요하다고 말하지만 실제로는 청소년자치가 원활하게 진행되지 않고 교사나 청소년지도자 등이 수립한 계획의 틀에서 부분적으로 청소년들의 생각이 반영되는 경우가 많습니다.

설령 청소년들이 의견을 제시하였더라도 그것이 학교 또는 기관의 생각과 다른 경우 실행되지 않는 경우가 대부분입니다.

그런데 1318상상발전소 청소년운영위원회 활동은 그 방식이 조금 다릅니다.

먼저 담당 청소년지도자가 계획을 수립하기는 합니다. 이것은 보고용 또는 예산을 수립하기 위해서입니다.

그러나 실행은 전혀 다르게 진행됩니다.

1) 청소년운영위원회에서 연간 사업계획을 수립하고 자체적으로 그것에 맞는 업무분장을 합니다.

2) 단위사업 관련해서는 내부 회의를 통해 일정과 구체적인 방법을 결정하고 실행합니다.

3) 모든 회의나 활동의 일지는 스스로 작성하고 이를 전 위원과 지도교사들에게 공유합니다.

4) 활동이 끝난 후에는 후기 모임을 통해 활동의 소감을 나누고 향후 진행에 대해 이야기합니다. 이 과정에서 이전에 수립했던 계획이 변경되기도 합니다.

이 모든 과정은 청소년운영회 위원들이 주도하여 추진하며 담당 청소년지도자는 함께하며 활동을 조력합니다. 1명의 일원으로서 의견을 제시할 수도 있으나 절대적이지는 않습니다.

여기서 중요한 것은 '조력'이라는 청소년지도자의 역할입니다.

모든 활동의 주체는 청소년운영위원회 위원들입니다. 그러나 학교생활을 병행하다 보니 물리적인 시간이 부족한 경우가 많습니다. 그래서 전임활동가인 청소년지도자들이 청소년운영위원회의 활동을 '조력'하며 지원하는 것입니다.

청소년들이 스스로 만들어 갈 수 있도록 청소년지도자는 자신의 발언권을 줄이며 참여하는 것입니다.

또한 앞서 말한 계획서에 대한 수정, 실행계획 등 행정적으로 필요한 사항들은 청소년지도자가 합니다. 때로는 수정작업을 여러 번 해야 할 때도 있고 행정관청이나 지원기관으로부터 '한 소리' 들을 때도 있지만 그래도 청소년들이 진행하는 이 과정이 가치 있다고 생각하기에 즐겁게 합니다.

청소년지도사의 직무가 무엇인지 검색을 해 보면 아래와 같은 내용이 나옵니다.

청소년 활동 프로그램 기획·운영 / 청소년 상담 및 생활지도 / 청소년 참여 및 자치활동 지원 / 청소년시설 운영 및 행정 / 위기청소년 발굴 및 연계

청소년지도자들을 만나서 이야기를 하다 보면 "이런저런 프로그램을 기획하여 청소년들과 함께해 보고 싶습니다" "청소년들을 이렇게 좋은 방향으로 이끌고 싶습니다"와 같은 대답이 나옵니다.
청소년지도자에 대한 처우도 좋지 않고 업무도 힘들지만 청소년지도자를 하려는 이유는 이러한 사명감 때문입니다. 그렇기 때문에 앞에서 말한 '조력'이라는 역할에 대해 동의하지 못하는 분들이 많을 수 있습니다.
그러나 저는 청소년지도자의 역할이 '조력'이라는 판단이 틀리지 않았다고 생각합니다. 청소년지도자가 활동을 기획해서 제시하는 이유는 업무의 효율성과 성과와 더불어 청소년들이 아직은 미성숙하다고 여기고 믿지 못하기 때문입니다. 또한 맡겼을 때 어떤 결과가 나올지 예측하기 어렵고 만약 긍정적 결과가 나오지 않았을 때는 청소년지도자로서 역할을 제대로 하지 못한다고 생각하기 때문입니다.

이것은 잘못된 생각입니다. 청소년지도자는 청소년들이 스스로 자기 결정권을 발휘할 수 있도록 곁에서 '조력'해야 합니다. 적극적으로 의견을 제시하지 않지만 꼭 필요한 순간에 한고비를 넘길 수 있도록 철저하게 준비하여 터치해 줘야 합니다. 앞에서 이끌지 않는다고 청소년지도자로서의 임무를 유기하는 것이 아닙니다. 오히려 조용히 청소년들이 스스로 길을 만들어 갈 수 있도록 '조력'하는 것이 더 큰 의미와 보람이 있습니다.

타 기관에서 근무하시는 청소년지도자들이 1318상상발전소를 방문하여 이러한 설명을 들으면 조금 놀라기도 하고 진짜 실제로 이렇게 진행되는지 궁금해하기도 합니다. 그리고 본인들이 청소년지도자의 길을 가기로 결정하고 꿈꿔 왔던 '이상적 방향'이라고 말하기도 합니다. 그러나 현실적으로 현장에서 이렇게 하기는 어렵다고 말합니다. 그것은 이러한 방식은 의사결정의 과정이 매우 길고 지루하며 그럴듯한 성과를 내기 어렵기 때문입니다. 예산을 받고 그 예산에 대한 성과와 결과를 나타내야 하는 기관의 현실에서는 쉽지 않습니다.

물론 저희도 예산을 받고 성과에 대한 압박이 있기도 합니다. 그런데 재미난 것은 청소년들에게 기회와 시간을 주고 청소년지도자가 간섭하고 싶은 욕구를 내려놓으면 오히려 더 멋진 결과가 나온다는 것입니다. 그리고 그 느낌이 매우 짜릿합니다. 어쩌면 그래서 힘들어도 중독된 것처럼 이러한 방식을 고수하는 것이 아닌가 생각해 봅니다.

타 기관의 청소년들도 자치활동을 시작하고 싶어 우리를 방문하기도 하고 1318상상발전소의 활동가가 직접 가서 관련 컨설팅을 진행하기도 했습니다.

설명과 과정을 들으며 자신들이 어떤 것을 직접 설계하고 진행하며 결과까지 만들어 낸다는 것에 대해 매우 흥분하고 기대감이 올라가는 것을 볼 수 있습니다.

그런데 시간이 지난 후 컨설팅을 진행한 선생님이 다시 그들을 만나 대화하는 시간을 가졌을 때 그 친구들이 활동가의 얼굴을 보자마자 울상을 짓거나 실제로 우는 친구들도 있었습니다. 놀라서 이유를 물어보니 교육과 컨설팅 때는 뭔가 길이 보였는데 실제 들어가서 진행하다 보니 할 수 있는 게 하나도 없었다고 말을 합니다.

"이것은 이래서 안 되고 저것은 저래서 안 된다. 그러니 이렇게 해야 한다."

결국 결론은 청소년들의 생각이 아닌 어른들의 생각대로 흘러간다고 말합니다.

물론 지금은 많이 바뀌었을 것이라 생각합니다. 그러나 여전히 아직도 일방적으로 결정하고 전달하는 방식의 자치기구 운영, 전체에서 1~2가지만 청소년들의 의견을 반영하고 청소년들이 직접 하는 자치활동이라고 말하는 곳들이 있을 것입니다.

진짜 청소년들의 자치활동! 이게 가능할까요?
이제 중학교 1, 2학년인 친구들도 있는데?
믿어도 될까? 운영이 엉망이 되는 것 아니야?

두려움과 의심이 있을 수 있습니다.

그러나 이게 가능합니다. 이게 됩니다.

1318상상발전소가 증명하고 있지 않습니까?

의심하지 말고 전적으로 지지해 주면 됩니다.

○ 2열에 있는 청소년을 주인공으로

앞서 말한 대로 2025년 현재 1318상상발전소에는 7개의 청소년자치활동이 운영되고 있습니다. 자치활동기구이기 때문에 말 그대로 청소년들이 스스로 조직을 구성하고 운영하고 있는데 우리 기관의 자치활동은 주로 밴드, 댄스, 일러스트, 바리스타, 창작 등 예술 관련 모임이 많은 편입니다. 의도하지는 않았지만 기존 청소년들이 만들어 놓은 분위기와 흐름이 이어지는 것이라 생각됩니다.

자치활동기구는 아래와 같은 흐름으로 진행됩니다.

1) 모집

자치활동기구는 매년 12월 또는 1월에 기존의 멤버들을 중심으로 계획하여 새로운 부원을 모집하고 활동합니다. 활동은 1년 단위로 하는 것이 원칙인데 그것은 1회성 이벤트가 아니라 길게 공동체를 이루어 활동하는 것이 중요하기 때문입니다. 또한 주 1회 이상의 정기모임을 진행합니다. 강제는 아니지만 구성원들은 이 정도 모임이 진행되어야 한다고 느끼고 있습니다. 결국 1년에 휴일을 제외하고 약 40여 회 이상의 모임과 활동을 진행합니다.

2) 참여의 주체

멤버 모집이 공개되면 희망자는 본인이 직접 신청해야 하며 신청 후 인터뷰를 통해 함께 활동할지 가부가 결정됩니다. 부모님이 대신 신청하거나 인터뷰에 참여하지 않으면 참여가 불가합니다.

3) 인터뷰

참여 멤버 결정에서 가장 중요한 것은 인터뷰입니다.

친구들과 함께 공동체를 이루어 활동할 수 있는가?

성실하게 할 결심이 되어 있는가?

팀원을 존중할 수 있는가?

등 주로 공동체와 성실에 대한 부분을 묻고 이야기합니다.

상대적으로 기능적인 면은 자세히 보지 않습니다. 오디션 형식으로 보기는 하지만 그것이 우선은 아닙니다. 그러다 보니 뭔가 실력이 균등한 친구들이 모이지 않습니다. 예를 들어 (학교) 댄스부의 경우 오디션을 통해 멤버를 선발하고 실력과 더불어 보통 키나 외모를 보고 비슷한 친구들을 뽑는 경향이 많습니다. 그것이 작품을 만들고 진행하는 데 멋이 나기도 하고 TV에 나오는 아이돌 가수들도 그런 모습이기 때문입니다.

그런데 우리는 그것이 중요하지 않기 때문에 매우 제각각입니다. 키가 큰 친구부터 작은 친구, 체형이 마르거나 혹은 통통한 친구까지 매우 다양한 청소년들이 팀을 이루어 활동합니다. 작품의 완성도로 보면 동선이 멋있지도 않고 일관성도 부족합니다. 그럼에도 이런 식으로 멤버를 선발하고 함께 활동하는 이유는 1열에 선 친구들뿐만 아니라 2열에 서 있는 친구들이 앞으로 나올 수 있도록 기회를 주고 주인공으로 세우기 위해서입니다.

이것은 청소년공간에서의 원칙이 그대로 적용되는 것입니다. 주목받는 친구들뿐만 아니라 주목받지 못하는… 그래서 기회를 받기 어려운 친구들을 주목하고 그들이 성장할 수 있도록 함께 하기 위해서입니다.

4) 활동의 책임감

이러한 대전제가 있기에 우리 자치활동기구에 참여하는 장벽은 무척 낮습니다. 그러나 활동에 대한 본인의 결정에 책임져야 한다는 점은 매

우 중요하고 무겁습니다. 활동을 강요하지 않지만 스스로 선택하여 결정한 것에 대해서는 성실과 책임감을 요구합니다. 그리고 그 책임감은 팀원에 대한 존중으로 나타납니다. 그리고 꾸준한 활동은 결국 성장과 성취로 열매 맺습니다.

주목 받지 못하던 청소년들의 활동은 밴드대회 수상, 댄스대회 우승, 각종 활동 우수표창 등으로 나타났습니다.

청소년들은 못하는 것이 아니라 그들에게 기회가 주어지지 않았을 뿐입니다.

1318상상발전소의 청소년공간은 청소년들이 기회를 만들고 스스로 결과를 성취할 수 있도록 환경을 제공하며 함께 하고 있습니다.

6장
....

한마디 말도 흘려보내지 않고 기억하는

○ 음악 프로그램의 시작

서두에도 언급했듯이 1318상상발전소의 시작은 악기레슨이었습니다.

음악을 통해 청소년들과 소통하고 정서적 회복을 돕고자 하는 목적이 하나였고 음악에 관심이 있고 해 보고 싶으나 현실적인 이유로 접하지 못하는 친구들에게 음악교육을 하기 위한 것이 또 하나의 목적이었습니다.

그렇게 만난 친구들은 대부분 악기를 만져 보는 것이 처음이었기에 낯설고 어렵게 느꼈지만 대부분은 재미나게 흥미를 갖고 참여하는 것을 경험했습니다.

청소년공간에서도 음악프로그램은 계속 진행하였습니다. 그러나 우리가 어떤 프로그램을 기획하고 청소년들의 참여를 유도하는 것이 아니라 청소년들의 요청이 있을 때 기획되고 구성되어 시작됩니다.

어느 날 벽에 걸린 기타를 보며 한 청소년이 이런 이야기를 합니다.

기타를 쳐 본 적은 없는데 어떻게 치는지 궁금하다.

난 악보를 볼 줄도 모르는데 칠 수 있나?

기타 해 보고 싶다!

이 한마디에 음악프로그램이 구성되고 기타레슨이 시작되었습니다. 사실 기타를 보기는 했지만 어떤 악기인지도 모르는 친구들이 많아서 기타를 잡는 법부터 교육해야 했고 진도도 느려서 잘 진행되지 않았지만 그래도 시간이 지나니 간단한 동요에서 쉬운 가요까지 연주할 수 있게 되었습니다.

처음으로 기타를 배우고 싶어 했던 친구가 '비바람이 치던 바다'로 시작되는 『연가』라는 노래를 완곡하고 환호성을 지르던 장면이 아직도 기억에 남습니다. 아주 초보적인 쉬운 노래이지만 그 청소년은 작은 성취를 경험한 것입니다.

그 모습을 보던 다른 친구들이 드럼이나 키보드 등 설치되어 있는 다른 악기를 보며 호기심을 보였습니다. 호기심을 보이면 배울 것을 가볍게 권유했는데 시간이 지난 후 보니 그 친구들이 음악프로그램에 참여하고 있있습니다.

그렇게 각각 악기를 배우고 노래를 배우며 작은 성취감을 느끼고 있을 때 한 친구의 입에서 "같이 하면 안 되나? 학교에 보니 밴드부 하는 거 멋있던데?"라는 말이 나왔습니다.

저의 대답은 "안 될 이유가 있니?"였습니다.

○ 밴드를 결성하고 공연까지

바로 밴드부를 결성하게 되었습니다.

그때가 2014년!

지금 1318상상발전소에 8기째 이어 오며 활발하게 활동하고 있는 밴드부의 시초가 그때였습니다.

초기에는 기수 개념이 없었고 활동하던 친구들이 몇 년간 연속으로 이어서 활동을 했습니다. 그러다 시간이 지나며 1년 단위의 활동을 기본으로 정하고 연속으로 활동할 수 있도록 허용하자는 의견이 나와서 그 이후로는 매년 기수 단위로 활동하고 있습니다.

우리 밴드부는 실력이 중요하지 않았습니다. 재미나게 하는 게 가장 중요했습니다. 그래서 첫 밴드의 이름도 '뻔fun밴드'였습니다. 조금 실수해도 뻔뻔하고 즐겁게 연주하자는 의미였습니다.

나중에는 '엠버스트(M-Burst)'라는 이름으로 바꾸었는데 대외적으로는 '음악이 터지다!(Music Burst), 즉 폭발적인 음악을 하는 밴드'라는 의미이지만 내부적으로는 밴드 이름을 바꾸는 회의를 할 때 멤버들이 간식을 먹다가 '만두가 터지는 모습'을 보고 엠버스트(엠=만두/버스트=터지다)라고 작명한 것입니다.

엉뚱하고 개연성 없는 뜻이고 이름이지만 본인들의 밴드명이고 자신들이 사용할 이름이니 어떤 의미든 그들이 정하는 것이 맞다고 생각해서 그대로 사용하고 있습니다. (현재는 밴드 멤버가 많아 2팀으로 운영하고 있는데 이름은 '엠버스트뺀두부', '엠버스트링치즈'입니다. 의미는 모르겠습니다. 그래도 열띤 토의 끝에 결정된 이름이라 가치가 있고 그렇게 사용하고 있습니다.)

이렇게 밴드의 시작은 우발적이었고 청소년들은 평생 처음 해 보는 밴드활동을 즐겁게 해 나갔습니다.

조직한 후 5개월여 즈음이 지난 후에 나름 대회에도 출전했습니다. 처음 무대에 선다는 것이 쉽지 않았지만 지역에서 떨어진 먼 곳에서 진행된 대회였고 모르는 사람들 앞에서 하는 무대였기에 부담 없이 참여에 의의를 두고 참여했습니다.

결과는 예선탈락이었지만 외부무대에 서 보고 함께 결과물을 만들어 냈다는 점에서 큰 의미가 있었고 나름 자신감을 얻기도 했습니다.

문제는 이후에 생겼습니다. 연습실에서 말도 안 되는 노래와 연주로 즐기던 밴드부에 공연요청이 들어온 것입니다. 지역에서 이렇게 연습하고 활동(?)하는 청소년밴드가 있다는 소문을 듣고 요청을 하신 것입니다. 물론 침 튀겨 가며 아이들을 자랑한 우리 때문일 수도 있습니다.

나:　　　　"얘들아 공연요청이 들어왔어!"

뻔ʃun밴드: (침묵)

나:　　　　기쁘지 않니?

뻔fun밴드: 우리가 할 수 있을까요?

무대라고는 2달여 전에 경연무대에 딱 한 번 서 본 것이 전부인 친구들이었습니다. 초대받은 공연은 중랑구 용마폭포공원에서 진행되는 큰 공연이었고 TV에서만 보던 공연 트레일러 차량을 무대로 진행되는 야간 공연이었습니다. 공연의 성격과 스케일을 들은 아이들은 얼어붙었고 우리가 할 수 있을지에 대한 의문과 두려움에 휩싸였습니다.

○ '할 수 있을까?'에서 '할 수 있네'까지

고민과 치열한 토론 끝에 공연을 하기로 결정하고 나름 열심히 준비했습니다. 어떤 것에 몰두해서 열정을 쏟아 본 경험이 적은 친구들이 대부분이었으나 자신들의 존재를 인정받고 중요한 자리에 초청을 받으니 그 기대에 부응하겠다는 결심을 하게 되었습니다.

밴드부를 운영하다 보면 개인별 실력이 차이가 나타나게 됩니다. 잘하는 친구들은 드러나게 되어 있습니다.

내부적으로 자연스럽게 소위 에이스가 생겨납니다.

사실 공연을 하거나 대회를 나갈 때 성공적인 공연이나 수상을 생각하면 가장 실력이 좋은 BEST로 팀을 만드는 것이 맞습니다.

그러나 우리는 소위 말하는 성공적인 공연이나 대회의 수상을 목표로 하지 않습니다. 물론 그렇게 된다면 좋겠지만 가장 중요한 것은 눈에 보이는 어떤 성과를 이루는 것보다 '모두가 함께하는 것'입니다. 이것이 밴드부뿐만 아니라 함께하는 모든 활동의 가장 큰 원칙입니다. 그래서 밴드의 경우 어떤 대회나 공연도 배제되는 팀원이 한 명도 없이 모든 팀원들이 무대에 올라갈 수 있도록 곡을 구성하고 준비했습니다.

아무것도 하지 않아도 되지만
무엇이든 할 수 있는 청소년공간이야기

준비하는 과정에서 많은 내부적인 충돌도 있고 제대로 되지 않기에 좌절도 겪는 등 우여곡절이 많았지만 결국 공연을 성공적으로 선보였습니다. 당시 우리 지역에서는 청소년밴드가 외부적으로 활동하며 공연하는 경우가 극히 드물었기에 관심을 많이 받았고 그 관심에 부응하여 좋은 무대를 선보였습니다.

○ '나를 믿지 않던 나'와 '나를 응원하는 모두' 사이

공연 무대를 경험해 보신 분들은 아시겠지만 처음에 무대에 올라가면 눈앞이 캄캄하고 아무것도 보이지 않습니다. 무대라는 부담감 때문이기도 하지만 조명이 눈을 가리는 경우가 많습니다. 이 말은 무대가 익숙지 않은 사람들은 관객의 얼굴을 보기 어렵다는 것입니다.

우리 청소년친구들은 무대가 낯설고 처음이기에 당연히 관객을 생각하며 즐길 수 있는 여유는 없습니다. 그런데 얼굴을 보지 못하고 눈을 마주치지 못해도 알 수 있는 것이 있는데 그것은 '관객들이 우리의 무대에 얼마나 박수를 보내고 응원하고 있는지'입니다.

밴드부 친구들의 첫 번째 공연은 (그들의 눈에는 보이지 않았겠지만) 관객들의 열띤 호응으로 마무리되었습니다. 저는 무대 아래에서 그것을 모두 보고 감격했습니다. 그런데 밴드부 멤버들도 관객들의 호응과 박수를 충분히 느낀 것 같습니다. 왜냐하면 무대가 끝나고 내려왔을 때 난리가 났기 때문입니다. 10여 명의 멤버들이 그 짧은 시간에 속사포같이 공연 후기를 나누는데 모두 랩퍼인 줄 알았습니다. 그만큼 무대가 짜릿했고 놀라운 경험이었으며 응원의 에너지를 감격하며 느꼈다는 것입니다.

이렇게 밴드부의 첫 공연은 그들을 사랑스럽게 바라본 관객들과 그 에너지를 받으며 공연한 청소년들이 함께 어우러져 멋지게 진행되었습니다.

○ '누군가 나를 응원했다'는 기억이 삶을 바꾼다

1318상상발전소의 청소년공간은 다양한 환경과 성향을 가진 친구들이 이용하고 있습니다. 학교로 말하면 소위 전교 1등도 오고 전교 꼴찌도 옵니다. 어떤 분야에 재능이 많은 친구나 그렇지 않은 친구도 함께 어울립니다. 약간 관심이 필요한 학생들도 오고 그렇지 않은 친구들도 옵니다. 저희는 모든 청소년들이 소중하기에 같은 마음으로 대하려고 노력합니다. 하지만 그래도 마음이 더 쓰이는 친구들이 있기 마련입니다.

보통 마음이 쓰이는 친구라고 하면 취약계층의 청소년들을 떠올리기 쉽습니다. 물론 그 친구들도 매우 신경 쓰고 개별적인 유대관계를 형성합니다. 그런데 우리가 더 신경 쓰고 관심을 두고 있는 친구들은 '보통의 청소년'들입니다. 아무도 주목하지 않는 보통의 청소년, 회색지대, 중립지대의 청소년들이 정말 많이 신경이 쓰입니다.

공부를 잘하는 친구들은 진학이나 학교의 명예를 위해서, 말썽을 피우는 친구들은 학교문제 또는 학부모들 간의 분쟁을 막기 위해서, 취약계층의 친구들은 우선돌봄대상이라 다들 관심을 갖고 신경을 쓸 수밖에 없습니다.

그런데 공부를 특별히 잘하지도 않고 말썽도 피우지 않고 취약계층에도 속하지 않는 '보통의 친구들'은 학교를 전체적으로 안정감 있게 유지하는 데 방해(?)를 주지 않기 때문에 상대적으로 소외되는 경우가 많습니다.

하지만 그 친구들도 욕구가 있는데 그것은 바로 관심 받고 싶은 욕구입니다.

그런데 그런 기회가 쉽게 주어지지는 않습니다. 회색 구간에 속한 보통의 아이들이기 때문입니다. 용기를 내서 앞에 나서는 것도 어렵습니다.

우리는 이러한 청소년들에게 기회를 주고 싶었습니다. 그래서 무대를 만들고 활동할 수 있는 기회를 만들어 많은 사람들에게 이들의 활동을 선보였습니다. 물론 청소년들이 희망하고 동의하는 경우에만 진행하였습니다.

지역사회의 많은 어른들은 청소년들의 이런 무대와 활동에 큰 박수를 보내 주었습니다. 약간은 어설픈 노래나 연주, 춤, 그림, 음료 그 외 활동에도 엄지척과 하트를 날려주셨습니다. 참으로 감사하고 감격스러운 일입니다.

이 중에는 지금껏 살면서 단 한 번도 다른 사람들의 박수를 받아 보지 못한 친구들도 있었고 이토록 큰 성원과 칭찬을 받아 본 경험이 없는 친구들도 부지기수였습니다.

알지 못하는 어떤 어른들 또는 또래 친구들의 응원과 박수는 청소년들을 춤추게 만들었습니다. '나도 중요하며 가치 있는 존재'라는 사실을 인지하기 시작했습니다. '자기 존중감'이 높아졌으며 새로운 것에 도전하는 것을 두려워하지 않고 즐기는 청소년들로 변화되어 갔습니다.

2025년 시점으로 보면 처음 청소년공간을 시작할 때와는 달리 청소년들이 대외적으로 활동할 수 있는 기회가 많이 생겼습니다. 그래서 청소년들의 활동이 일반적인 것으로 생각될 수도 있지만 절대 청소년들의 대외활동이 일반적인 것도 보편적인 것도 아닙니다. 예를 들어 1318상상발전소가 위치한 서울시 중랑구에서 2025년 5월에 진행된 두 번의 큰 지역행사 중 청소년들이 주도하여 기획하고 참여한 활동은 1318상상발전소 청소년들의 활동이 유일했습니다. 아직까지 청소년들을 지역사회의 일원이 아닌 단순 참여자로만 바라보고 있으며 함께 만들어 간다는 인식은 요원하다고 생각되는 부분입니다.

우림(가명)이는 약간의 대인기피증과 무대공포증이 있는데 아이러니하게도 보컬로 밴드부활동에 대한 욕구가 있었습니다. 무섭고 두려웠지만 용기를 내어 지원하였고 함께하게 되었습니다. 낯선 친구들과 환경이었지만 적응하며 연습과 모임은 어찌어찌 진행하였습니다. 함께하는 멤버들도 상황을 이해하고 배려하는 마음으로 하였기에 밴드부에 잘 자리잡을 수 있었던 것 같습니다.

그런데 문제는 공연이었습니다. 대중들 앞에 서서 무언가 한다는 것은 생각해 본 적이 없는 친구였는데 반면에 우리 밴드부원들은 몇 번의 공연을 통해 자신감을 얻고 대중들 앞에서 공연하길 원하는 친구들도 많았습니다. 그러나 이것은 강요할 문제는 아니었고 우림이와 같은 보컬을 선택한 것은 팀원들이었기에 많은 시간 이야기를 나누고 본인이 결심할 때까지 기다린 후 드디어 첫 무대를 하게 되었습니다. 굉장히 신나는 노래였는데 우림이는 처음부터 끝까지 얼굴을 숙인 채 바닥만 보며 노래를 했습니다. 그 와중에 노래는 잘했습니다. 노래가 마무리된 후 많은 사람들이 우뢰와 같은 박수를 보내 줬고 이 친구는 얼떨떨한 표정으로 무대를 내려왔는데 가까이 가서 보니 조금은 상기된 표정이 보이기도 했습니다. 이것이 계기가 된 것 같습니다. 조금씩 변해 갔고 나중에는 무대를 뛰어다니며 공연을 하는 친구로 변했습니다. 비교적 무서운 편에 속하는 저에게까지 장난을 치며 '대인기피'에서 '대인친화'로 바뀌었습니다. 이러한 경험과 자신감으로 졸업 후 웹디자인 개발자로 사회에 진출했고 지금은 코딩개발자로 계속 새로운 것을 개발하며 건강한 사회인으로 살아가고 있습니다.

'누군가 나를 응원했고 시금도 응원하고 있다!'라는 경험과 기억은 삶을 바꿀 수 있습니다. 이러한 경험과 응원을 경험한 청소년들은 막연하고 갈피를 찾지 못하던 자신의 진로를 발견하고 자신의 길을 찾아 도전하며 살아가고 있습니다.

청소년공간은 그것이 가능하도록 판을 깔아 주는 아지트입니다. 그 아지트에서 함께 하는 청소년지도자들이 같은 마음으로 청소년들을 만난 것이 중요한 이유입니다.

밴드활동을 하는 멤버 중에서 거의 매년 실용음악으로 대학을 진학한 친구들이 배출되고 있습니다. 그 외에도 댄스부, 바리스타, 또는 일러스트 활동 등을 통해 진로를 정하고 진학 또는 취업을 한 친구들도 있습니다.

또한 자치활동을 한 분야로 나가지는 않지만 활동 가운데 받은 응원과 박수에 힘입어 자신감을 얻고 자신의 적성을 발견하여 도전하는 청소년 들이 많습니다.

어쩌면 막연하고 무기력할 수도 있었던 친구들이 회복되고 용기를 얻 게 된 것입니다.

이것이 자치활동의 진정한 힘입니다.

아무것도 하지 않아도 되지만
무엇이든 할 수 있는 청소년공간이야기

7장

·······

스스로캠프, 혼자에서 함께로

○ 진짜 나를 찾는 과정의 기록

스스로캠프는 단순하게 새로운 경험을 하거나 정서적 회복을 추구하는 것을 넘어서는 강력한 힘이 있습니다. 어떻게 보면 청소년공간에서의 긴 일상적인 삶과 맞먹는 강력한 효과가 짧은 기간에 나타난다고도 할 수 있습니다.

첫 번째는 개개인의 기획력 향상입니다.

캠프에 참여하기 위해서는 우선 누구의 도움도 없이 개인이 그 일정을 모두 수립해야 합니다. 마치 파워 J처럼 이동을 위한 교통편이나 동선 그리고 방문지와 식사까지 찾아 꼼꼼하게 계획을 수립해야 하는데 경험이 부족한 청소년들에게는 어려운 미션일 수도 있습니다. 그럼에도 우리는 그 단계를 수행할 수 있도록 요구합니다. 어설프고 동선이 이상해도 본인이 고민하며 전체 일정을 수립해 본다는 것은 의미가 있기 때문입니다. 이 단계를 통해 청소년들은 전체를 보는 눈을 기를 수 있게 되고 전체를 위해 부분을 어떻게 조율해야 할지 알 수 있게 됩니다.

두 번째는 민주역량 강화입니다.

개인이 일정을 수립했다 하더라도 그 일정이 모두 반영되는 것은 아닙니다. 참여 청소년은 다수이고 그 다수의 청소년들의 생각과 욕구가 모두 다르기에 만약 10명이 참여한다고 하면 10개의 일정이 나올 것입니다. 그러므로 서로 다른 생각과 필요를 맞춰 나가는 합의 조정이 필요합니다. 이때가 민주역량 강화의 시간이며 단계입니다.

우리나라 사람들은 토론을 잘하는 편은 아닙니다. 어릴 때부터 일방향 전달방식의 교육을 주로 받았고 쌍방향으로 의견을 주고받는 교육이나 경험을 많이 해 보지 못했기 때문입니다. 심지어 토론과 합의 조정의 꽃이라고 할 수 있는 국회에서의 모습도 그렇게 모범적이지 않습니다. 그들도 비슷한 교육을 받고 비슷한 환경에서 성장했기 때문입니다.

토론을 위해서는 먼저 상대방의 말을 잘 들어야 합니다. 잘 들어야 다음 말을 할 수 있습니다. 듣지 않으면 상대방의 의견과는 상관없는 일방적인 내 말을 하게 됩니다. 이것은 토론이 아닙니다.

스스로캠프의 일정 조정은 이러한 토론의 단계와 시간을 갖게 됩니다.

상대방이 수립한 일정과 그렇게 계획한 이유를 듣습니다. 그리고 자신은 자신의 일정과 이유를 설명합니다. 공통되는 부분은 문제가 없지만 서로 상이한 부분은 설득의 과정을 거쳐야 합니다. 내가 수립한 일정을 실현하기 위해서는 상대방을 납득시켜야 합니다. 이 단계에서 윽박지름이나 선배 찬스는 허용되지 않습니다. 오로지 당위성을 기준으로 상대방을 납득시켜야 합니다.

때로는 내 주장의 당위성이 부족함을 느낄 때도 있고 다른 친구의 말이 더 설득력이 있고 가치 있다고 인정할 때도 있습니다. 격한 토론이 오가기도 하지만 마무리는 모두가 행복하게 결론이 나게 됩니다.

실제로 캠프후기를 보면 "내가 세운 계획을 실현해 나가는 게 신기하고 너무 좋았다"라는 말이 매우 많습니다.

이러한 치열한 과정을 통해 청소년들은 합의조정을 경험하고 민주적 절차와 결정 과정을 경험하게 됩니다.

세 번째는 공동체성 강화입니다.

캠프는 개인으로 참여하지만 공동체로 같은 시간과 경험을 공유하게 됩니다. 그것도 모두의 합의 조정을 통한 일정을 소화하면서 말입니다.

낯선 친구들과 같은 시간을 공유한다는 경험은 매우 신선하고 놀랍습니다. 그리고 집을 떠나 공유하는 그 시간만큼은 새로운 형제, 자매가 되고 가족을 이루게 됩니다.

이러한 환경에서 서로를 아껴 주고 배려하는 공동체성을 기를 수 있게 됩니다. 스스로캠프는 숙소를 2인 1실로 배정하는 것을 지양합니다. 최소 4인에서 6인 정도가 한 방에 묵을 수 있도록 배정하고 그 안에서 또 작은 공동체를 이룰 수 있도록 합니다.

피할 수 없는 환경에서 시간과 경험을 공유하는 공동체를 이뤄 함께하는 경험은 앞으로 삶에서 만나게 될 여러 가지 다양한 집단과 공동체 안에서 잘 적응하며 살아갈 수 있는 힘을 기를 수 있게 됩니다.

마지막으로 나를 찾는 과정이 될 수 있습니다.

나는 이번 캠프에서 왜 이 활동을 선택했을까? 이 활동의 결과는 나에게 어떤 의미가 되었는가? 또한 다른 친구들이 추천하고 설득하려 했던 활동들은 어떤 의미와 가치가 있었으며 왜 나와는 다른 생각을 했을까 등 여러 가지 다른 가치관과 생각을 접하며 나의 생각은 무엇이며 나는 어떤 사람인지에 대해 조금이나마 생각할 수 있는 기회가 됩니다.

그러한 생각이 비록 투박하지만 그들만의 방식으로 표현되고 그 표현을 통해 개개인은 깨달음과 성장의 시간을 갖게 됩니다.

그리고 더 나아가서는 인생의 방향이 바뀔 수도 있는 엄청난 경험의 시간이 될 수 있습니다.

어쩌면 철학적이고 이상적이라고 생각할 수도 있겠지만 스스로캠프는 이런 가치가 있습니다. 그리고 이러한 가치들이 소중하기 때문에 우리는 힘들고 복잡하지만 스스로캠프를 포기하지 못하고 지속해 나가고 있습니다.

○ 해 보고 싶다는 '말 한마디'

캠프 욕구 → 참여자 모집 → 장소 결정 → 일정 수립 → 추진 → 후기

스스로캠프의 시작도 여타의 다른 활동과 비슷합니다. 우리가 공간을 시작한 즈음부터 차박이나 캠핑활동 등이 서서히 붐이 일어나기 시작했습니다. 그것을 보던 친구들은 자신들도 이런 것 한번 해 보고 싶다고 말

아무것도 하지 않아도 되지만
무엇이든 할 수 있는 청소년공간이야기

을 하였고 그 '말 한마디'에 캠프활동이 시작되었습니다. 우리가 소중하게 여기는 것은 청소년들의 '말 한마디'이기 때문입니다.

다행히 개인적으로 캠핑을 종종 다니고 있었고 필요한 장비를 갖추고 있었기에 처음에 10여 명 정도의 소규모로 진행하는 데는 어려움이 없었습니다. (나중에는 대형텐트를 여러 개 기부받아 많은 청소년들이 함께 시간을 보낼 수 있었습니다.)

스스로캠프는 말 그대로 청소년들이 스스로 꾸려 가는 캠프입니다. 참여자가 모이면 장소와 일정을 정하고 그 일정 중에 무엇을 할지도 참여자들이 논의하여 결정합니다.

모든 캠프는 무료 참여를 원칙으로 하고 있으며 예산의 제한이 있으나 가급적 신청한 모두가 참여할 수 있도록 예산을 조정하고 방법을 찾습니다. 그러나 무조건적으로 참여를 결정하지는 않고 이것 또한 인터뷰 단계를 거치게 됩니다. (1318상상발전소에서 활동하게 되면 인터뷰, 면접 이런 것은 매우 능숙해집니다. 나름 압박면접을 다양하게 자주 경험하기 때문입니다.)

스스로캠프에 참여한 친구들은 가정에서 이런 경험을 하지 못한 경우가 대부분이었습니다. 그렇기에 더욱 해 보고 싶은 마음도 있고 부러운 마음도 강했습니다. 그러나 반면에 어떻게 무엇을 해야 하는지에 대해서는 잘 알지 못하기에 우왕좌왕하는 경우도 많습니다. 그러나 시간이 지나고 경험이 쌓이면서 노련해졌고 어느 순간 선생님들의 개입이 최소화되며 참여자들 간의 토론과 협의 과정을 통해 의미 있고 가치 있는 캠프를 기획되고 진행할 수 있게 됩니다.

처음에 우왕좌왕하던 모습을 떠올리면 정말 놀라운 성장이며 변화라고 할 수 있습니다.

○ 나의 말이 현실이 되는 순간

스스로캠프는 시간이 지나면서 사회적 변화와 분위기 그리고 참여 인원수에 따라 다양한 형태로 변화되었습니다. 이에 따라 스스로캠프는 초기에 산이나 바다에서 텐트를 치고 지내던 모습에서 현재는 특정한 장소나 주제를 선정하여 여행을 떠나는 형태까지 다양한 모습으로 진행하고 있습니다.

2025년 현재 1318상상발전소에서는 최소 2박 이상의 캠프를 2회의 해외캠프를 포함하여 총 26회 진행했습니다. 1박 2일까지 하면 50~60회 정도 진행한 것 같습니다.

아무것도 하지 않아도 되지만
무엇이든 할 수 있는 청소년공간이야기

누군가는 "왜 힘들게 이렇게까지 하느냐?"고 묻기도 하고 이렇게 안 해도 충분히 다른 활동이 많이 있지 않냐고 말하기도 합니다.

"선생님 제 꿈이 이루어졌어요!"

제주도 캠프를 다녀온 한 청소년이 한 말입니다.
위의 질문에 대한 답이라고 생각합니다.

우리가 조금 고생스럽더라도 이것을 경험해 보지 못한 청소년이 경험과 과정을 통해 성장하는 모습이 기쁘기 때문에 계속할 수밖에 없고, 청소년들과 함께 만들어 가는 과정이 너무나 재미있고 가치 있기에 계속하게 됩니다.

예산을 만드는 것도 진행하는 것도 손이 많이 가고 힘들지만 그 가치를 알기 때문에 놓을 수 없습니다.

스스로캠프에서는 청소년지도자들도 한 명의 멤버로 참여하게 됩니다. 청소년지도자라고 다른 숙소나 먹거리를 배정받는 것이 아니라 먹고 자는 모든 것이 동등하게 주어집니다. 그리고 장소와 일정을 정하고 진행하는 데 한 명의 참여원이 되어 의견을 제시합니다.

보통 이런 경우 청소년지도자들도 하고 싶은 특정 활동을 제시하곤 합니다. 예를 들어 2019년 코로나 직전에 진행했던 태국캠프에서 태국 중학교 방문과 아동센터 봉사를 제시하였고 참여원 모두가 동의하여 진행하였습니다.

일정을 정할 때 원칙은 먼저 장소를 정하고 모든 구성원이 그 장소를 걸맞은 각자의 여행일정을 수립합니다. 3박 4일이라면 각자가 3박 4일의 일정을 수립하고 그것을 전체 회의에서 발표하여 참여원들을 설득합니다.

이것에는 한 명의 예외도 없습니다. 누구도 소외되거나 열외되지 않도록 하기 위한 방법이며 캠프에 참여하는 가장 중요한 규칙입니다.

앞서 말한 태국캠프의 경우 8박 9일로 다녀왔는데 우리가 제시한 2가지 일정 외에는 코스, 숙소, 식사를 포함한 모든 일정을 참여청소년들이 수립하였습니다. 3개월여의 준비과정을 가졌는데 개인별 조사와 함께 조별모임을 수시로 가지며 원하는 일정을 수립하고 토론하는 과정을 거쳤습니다. 사실 이렇게 하는 것이 매우 힘들고 답답한 과정인 것은 맞습니다. 그냥 우리가 좋은 코스를 정해서 제시해도 아마 참여자들은 반대하지 않을 것입니다. 그러나 그렇게 하지 않는 이유는 캠프를 통해 참여청소년들이 성장하기 바라는 마음이 있기 때문입니다.

개인의 생각이 저마다 다르기 때문에 선호하는 장소나 식사, 활동 등이 모두 같을 수는 없지만 협의의 과정을 통해 설득하고 설득당하며 최종 일정을 수립하게 됩니다. 이렇게 일정을 정하고 진행하는 캠프활동은 상호간에 불만이 있을 수 없고 참여의 적극성이 높습니다.

보통 학교의 수학여행이나 집에서 가는 여행이 청소년들에게 인기가 없고 참여에 소극적인 이유는 본인들이 수립한 일정이나 계획이 아닌 누군가가(부모님이든 학교든) 수립한 일정에 수동적으로 참여하기 때문입니다.

그러나 본인들이 수립한 계획에는 만약 동선이 꼬이고 일정이 생각대로 되지 않더라고 불만을 가질 수 없고 그것을 감수하고 해결하며 참여하게 됩니다.

그리고 내가 생각한 것과 내가 한 말이 현실이 되는 순간! 청소년들은 뭔가 모를 성취감과 기쁨을 느끼게 됩니다.

인근 학교가 수학여행을 떠나 청카가 한가한 어느 날이었습니다. 어느 한 친구가 청카의 문을 열고 들어옵니다. 수학여행을 떠났어야 하는 친구인데 궁금해서 물어보니 수학여행에 참여하지 않았다는 것입니다. 가기 싫어 안 갔다고 말했지만 알고 보니 수학여행 비용이 부담되어 참여하지 않고 남아서 학교에서 자율학습을 하고 청카로 온 것이었습니다.

2025년 현재에도 경제적 차이가 있지만 우리 주변에는 단돈 천 원이 없고 교통비가 없어서 무엇에 참여하거나 소비를 하는 것을 망설이고 애태우는 가정과 청소년들이 있습니다. 1318상상발전소는 그런 청소년들을 포함하여 모든 청소년들이 경제적 부담에서 벗어나 도전하고자 하는 의지가 있다면 참여할 수 있도록 하자는 기본 원칙을 설정하였습니다.

그래서 1318상상발전소의 대부분의 활동과 대안교육을 비롯한 모든 교육과정에는 청소년들이 부담해야 하는 비용은 거의 없습니다. 가급적 추가비용 없이 활동을 진행하고자 하니 예산을 이리저리 쪼개서 사용해야 하고 담당자들은 더 많은 고민과 지혜가 필요합니다. 필요하다면 후원을 요청하여 부족한 예산을 채우기도 합니다.

어떤 여행이나 활동처럼 화려하지도 풍족하지 않을 수도 있습니다. 그럼에도 한 번의 경험과 교육이 인생을 변화시킬 수 있다는 확신으로 한 명도 소외되지 않도록 방법을 만들어 나가고 있습니다.

이러한 고민에 함께하는 고마운 분들이 계셔서 어렵지만 지금까지 누구도 부담 없이 차별받지 않고 활동에 참여할 수 있는 기반이 마련되고 있습니다.

○ "처음엔 낯설었어요"

"잘 모르는 친구들과 함께 캠프를 떠난다는 것이 낯설고 두려웠습니다. 그리고 그게 가능할지도 재미가 있을지도 의문이 들었었습니다. 그러나 막상 준비과정부터 함께한 캠프의 모든 시간이 너무나 즐겁고 행복했습니다. 왜 이제야 이것을 알게 되었는지 아쉽습니다."

처음 스스로캠프에 참여한 청소년이 남긴 후기입니다.

누구나 낯선 사람들과 시간을 보내야 한다고 하면 어색하고 쉽지 않습니다. 청소년들이라고 예외는 아닙니다. "다 비슷한 또래인데 금방 친해질 수 있는 것 아니야?"라는 말은 너무나 잘못된 생각입니다. 오히려 그 또래는 한 살이 어렵고 가까워지기 어려운 차이입니다. 중학생과 고등학생은 천지 차이입니다. 그것을 극복하는 것이 쉽지는 않습니다.

이러한 두려움 때문에 쉽게 참여하지 못하는 경우가 많습니다. 마음을 열고 도전을 하는 것이 그만큼 어렵다는 것이죠. 이 친구들이 결심을 하고 도전을 할 수 있도록 독려하고 동기부여하는 것은 청소년지도자의 몫입니다.

그리고 그 두려움을 극복하고 참여하게 된다면 내가 만든 계획이 현실이 되고 실행되는 새로운 세계를 경험하게 됩니다. 이러한 과정을 통해 다른 사람의 말을 경청하는 것을 알게 되고 나와 다른 의견을 가진 사람을 설득하는 능력을 기를 수 있으며 반대로 다른 사람들의 의견에 수긍하고 납득하는 것도 배우게 됩니다. 또한 치열하게 고민하는 과정을 통한 성숙을 경험하게 됩니다.

아무것도 하지 않아도 되지만
무엇이든 할 수 있는 청소년공간이야기

이렇듯 스스로캠프는 단순한 여행과 경험을 넘어 공동체성과 개인의 역량을 강화하는 데 매우 효과적이라 할 수 있습니다.

8장

·······

학교밖청소년 이야기

○ 누구나 교육받을 권리가 있다

2016년 연말 즈음 서울시로부터 '학교밖청소년을 위한 대안교육 지원 사업을 해 보세요!'라는 제안을 받았습니다.

공간을 운영하며 학교를 이탈하는 청소년을 많이 보았고 이 친구들과 함께할 수 있는 방안을 고민하고 있었기에 지원사업에 응모했고 감사하게 선정이 되어 청소년공간과 더불어 대안교육기관 '내일더하기'('내일더하기'는 청소년 '내(자신) 일'에 플러스, '내일(미래)'에 플러스가 되는 대안교육기관이라는 의미를 담고 있습니다) 사업을 시작할 수 있게 되었습니다.

2025년 교육부에서 발표한 교육기본통계에 따르면 초중고 총 학령인구 5,132,180명 대비 학업중단청소년은 54,516명으로 1.1%에 달하고 있는 것으로 나타나고 있는데 학업중단율은 매년 조금씩 증가하고 있는 상황입니다. 또한 학교밖청소년의 수는 누적으로 봐야 하는데 2025년 통계청 조사에 따르면 매년 30만 명 이상의 학교밖청소년이 존재한다고 말하고 있습니다.

아무것도 하지 않아도 되지만
무엇이든 할 수 있는 청소년공간이야기

우리는 1318상상발전소의 청소년공간이 하고 있는 모든 활동이 대안교육이라고 생각합니다. 그래서 학교밖청소년이라는 특수성을 떠나 대안교육은 꾸준히 관심을 갖고 있었고 결국 그 방향이 맞다고 생각합니다. 그리고 우리가 생각하는 대안교육의 본질은 활동과 교육의 공간 및 시간이 분리되지 않는 것입니다.

사람은 사회에서 함께 어우러져 살아가야 하는 것이기에 대안교육 역시 사회 안에서 친구들과 함께 어우러져야 합니다.

그래서 우리가 대안교육기관을 운영하기로 결심하며 가장 기본으로 삼았던 것은 '학교 안의 청소년과 학교 밖의 청소년을 구분하지 않는 것'이었습니다. 학교를 벗어났거나 혹은 그렇지 않은 청소년 모두 결국은 한 사회 안에서 어울리며 살아가야 하는데 단지 지금 공교육의 테두리 안에 있지 않다고 해서 마치 다른 세상에 있는 듯 여기며 분리해서 교육하는 것은 옳지 않다고 생각했기 때문입니다.

○ 다양한 이유로 학교 밖에 있게 된 청소년, 그러나 교육은?

공식적으로 학교밖청소년을 위한 대안교육사업을 하게 되었지만 앞에서 언급했듯이 학교밖청소년이라고 특별한 대우를 해 줄 생각은 없었습니다. 원래 1318상상발전소가 가지고 있던 '누구나, 똑같이, 함께'라는 가치를 적용하였습니다.

이곳에서는 누구나 평등하고 존중받아야 하며 '아무것도 안 해도 되지만 무엇이든 할 수 있는' 권리를 누릴 수 있다는 대전제를 갖고 있었습니다.

그러나 이와 같이 청소년을 대하는 마음은 같았지만 대안교육기관이라는 형식을 받아들였기 때문에 교육과정을 수립해야 했습니다.

그래서 우리는 학교밖청소년 교육을 위해 아래와 같이 몇 가지 원칙과 방법을 수립했습니다.

첫 번째 가장 중요한 것은 결과를 목표로 두지 않는 느슨한 교육입니다.

우리가 만난 대부분의 학교밖청소년은 공교육에 적응하지 못한 친구들이었고 상대적으로 무엇을 하고자 하는 의욕이 낮았습니다.

결과론이지만 이러한 상황에서 그 친구들이 눈에 보이는 결과를 도출하거나 평균적인 삶의 궤도에 오르기 위해서는 최소 2~3년의 시간이 필요했습니다.

그리고 어떤 이유에서인지 모르겠지만 유독 '내일더하기'에는 마음이 아픈 친구들이 많이 찾아왔습니다.

이런 상황에서 교육을 해야 한다는 의무감으로 과도한 목표설정을 하고 교과목 또는 대안교육 활동을 진행한다면 아이는 여전히 어려움을 겪을 것이라 판단했습니다.

그래서 우리는 그러한 일반적인 교육과정을 우선순위에 두지 않고 다소 천천히 가더라도 정서와 관계의 회복을 가장 최우선으로 두고 임했습니다. 영어 단어를 외우거나 인강을 듣지 않더라도 함께 아픈 마음이 치료될 수 있는 방향으로 활동을 진행했습니다.

방식은 '이야기 나누기'입니다. 이야기 나누기는 경직되고 공적인 느낌이 드는 상담이라는 단어를 배제하고 편하게 삶을 나누는 과정을 통해 마음의 분노를 덜어 내는 활동입니다.

이 활동은 멘토(담임) 선생님과의 깊은 관계를 통해 신뢰를 형성하고 차근차근 정상의 삶으로 돌아갈 수 있도록 돕습니다.

이야기 나누기는 정말 단순하게 '이야기'만 나누는 방식으로만 진행되기도 하지만 산책, 영화 보기, 요리 만들기, 문화체험 등 다양한 방식으로도 진행되는데 이를 통해 틀에 짜인 상담방식에서는 나오기 어려운 회복과 변화를 경험할 수 있었습니다.

지훈(가명)이는 자기만의 세계에 빠져 다른 사람과 소통이 쉽지 않은 학교밖청소년이었습니다. 그나마 다행히 부모님의 관심과 돌봄이 있어 어린 시절부터 심리상담과 병원 치료를 꾸준히 받으며 회복을 위해 노력했으나 잘되지 않았습니다.

어느 한곳에 정착하여 교육받고 성장하길 원하는 부모님의 마음으로 서울시 내 웬만한 대안교육기관은 모두 방문했었고 적을 두기도 했지만 적응에 어려움을 겪던 청소년이었습니다.

처음 입학상담을 마친 후 내부회의에서 저는 우리가 이 친구를 받을 수 없다는 의견을 내놨습니다. 우리가 지훈이를 이해해 줄 수는 있겠지만 회복과 치료의 부분은 우리의 영역이 아니라고 생각했고 지금까지 만난 청소년들과는 다른 케이스이기에 오히려 더 전문적인 기관에서 돌보고 치료하는 것이 맞는 것이 아닐까 하는 생각이 강했기 때문이었습니다.

그런데 동료선생님들의 생각은 달랐습니다. "힘들지만 함께해 보자. 감당해 보자"라는 의견이었습니다. 의구심을 가진 채 의견에 동의하고 입학을 허가했습니다.

결론적으로 어떤 기관에서도 오랫동안 머물지 못했던 이 친구가 이제는 후기청소년이 된 지금도 여전히 '내일더하기'에서 활동하며 교육받고 있습니다.

처음에 전투적이고 방어적이었던 행동과 말투는 어느새 어린아이 같아졌으며 선생님들께 어리광을 피우고 있습니다. 묻지도 않았는데 자신의 마음에 있는 생각과 어릴 적 트라우마 등을 말하며 이런 일 때문에 어려움이 있었다고 고백하기도 합니다. 작년부터는 오랫동안 미뤄왔던 검정고시 공부도 시작했습니다. 느리지만 천천히 변화하며 성장하고 있는 것입니다.

그동안 수많은 노력을 했음에도 변화가 없었는데 '내일더하기'에 온 지 3년여 만에 느리지만 성장과 변화가 시작되고 또 진행되고 있는 모습을 보며 가장 놀라워하는 사람은 바로 보호자입니다. 기대하지 않았던 자녀의 변화와 성장을 보며 눈물 흘리시기도 했습니다.

사실 지훈이도 처음에는 큰 변화가 없었습니다. '내일더하기'에 계속 오기는 했지만 행동이나 다른 사람을 대하는 자세에는 변화가 없었습니다. 그런데 어느 순간 돌아보니 변화가 생겼고 성장하고 있었습니다.

"어떤 계기가 있었을까?" 하고 생각해 보니 어느 날 이야기 나누기를 마치고 담당이었던 '폴쌤'이 지훈이를 꼭 안아 줬던 것이 떠올랐습니다. 그때 지훈이가 눈물을 흘렸습니다. 보호나 돌봄의 대상이 아닌 그 친구 자체를 인정하고 사랑하는 마음을 '허그(Hug)', 즉 '안아 주는 것'으로 표현했는데 그것이 전달된 것 같습니다. 그 이후 남자 선생님들만 보면 안아 달라고 떼를 쓰는데 그 모습이 귀엽기도 하고 안쓰럽기도 했습니다.

돌이켜 보면 그 친구가 만났던 대부분의 기관들은 제가 처음에 생각했던 것처럼 치료의 관점으로 접근을 했던 것 같습니다. 안타까운 마음이 있고 전문가적 소견이 있으니 그것은 당연한 방식이었을 것 같습니다. 그런데 '내일더하기'의 선생님들은 치료의 관점이 아니라 관계의 관점으로 그 친구를 만났습니다.

같은 근황 이야기를 해도 그 친구의 심리상태를 파악하고 어떻게 치료하고 처방해야 하는지 생각하며 이야기하는 것이 아니라, 그저 듣고 대화하며 그대로를 인정해 주는 그 마음이 그 친구에게 전달되었던 것이 아닌가 생각해 봅니다.

두 번째 개인의 필요와 수준에 맞춰 교육하는 것입니다.

청소년들이 공교육의 테두리를 벗어나게 된 이유는 너무나 다양하지만 기존의 학교교육에 적응하기 어렵기 때문인 경우도 많습니다.

얼마 전 '내일더하기' 입학상담을 위해 부모님과 함께 찾아온 한 청소년이 입구에서 안에 있는 다른 청소년들을 보고 무서워서 들어오지를 못했습니다. 어머님이 설득했지만 결국 울음을 터뜨리며 거부하여 되돌아간 경우가 있습니다.

위의 사례는 특별한 것이 아니고 흔하게 나타나는 일인데 보통 학교를 이탈하는 청소년들은 기존의 교육방식에 적응하지 못하거나 사람들과의 관계에 어려움을 겪는 경우가 많기 때문입니다.

그런데 대안학교나 위탁형대안학교 등의 수업형태는 기존 학교교육의 모습과 크게 다르지 않은 것을 보게 됩니다. 학습의 방법이나 과정이 다르고 운영기관의 가치관이 포함된 대안교과라는 내용이 있을 뿐 학교와 비슷한 형태로 교육하고 배운다는 것은 크게 차이가 없는 것 같습니다.

물론 대안교육기관마다 독특한 교육방식과 체계가 있기에 일반화하기에는 무리가 있을 수 있지만 대부분의 대안학교, 대안교육기관, 위탁형대안교육기관을 방문해 보면 학교교육의 형태에서 크게 벗어나지 않는 모습이었습니다.

얼마 전 한 기숙형 대안교육기관의 신입생 모집공고를 보았습니다. 연간 교육이 진행되는데 그중 3달은 필리핀으로 2달은 일본으로 국제교류를 한다고 합니다. 그리고 기숙생활 중 휴대폰은 모두 거두어 선생님들이 관리한다고 진하게 명시해 놓았습니다.

두 가지 궁금점이 생겼습니다.

첫 번째, 도대체 학비는 얼마나 될까?

우리가 듣기로는 일상적 학비도 엄청난 금액이지만 외국에서의 국제교류를 위한 금액은 별도이고 그 액수도 엄청난 것으로 알고 있습니다. 이런 경우 대안교육을 원하지만 경제적 지원이 되지 않는 친구들이 대안교육기관에 입학하는 것은 불가능합니다. 결국 청소년이 원하지만 경제적 기반이 되지 않을 때는 대안교육도 받지 못하는 것입니다.

두 번째, 휴대폰은 왜 수거하는 것일까?

보통은 수업 중에 휴대폰이 방해가 되고, 청소년 시기의 지나친 휴대폰 사용이 성장과 집중력에 나쁜 영향을 주기 때문이라고 말합니다. 맞는 말일 수도 있지만, 우리는 어떤 이유에서도 개인의 선택의 자유를 뺏는 것은 폭력적인 행위라고 생각합니다.

그러한 강압적인 환경에서 습득된 행동은 강압적 환경이 없어질 경우 고삐가 풀린 것처럼 폭주할 수도 있습니다.

모두가 그렇지는 않지만 청소년들에게 '무엇을 하지 마라!'고 했을 때 더 하고 싶고 반대의 경우 오히려 흥미가 떨어지는 것과 비슷한 경우입니다.

이야기를 담다 보니 우리 아들 이야기를 자주 하게 됩니다.

축구선수를 하고 싶어 한 시기가 있었습니다. 사실 우리 생각에 아들이 운동을 잘하기는 했지만 그 정도는 아닌 것 같았습니다. 그리고 비용의 부담도 있고 시간도 많이 할애해야 해서 고민했지만 그래도 몇 년간 축구 클럽에서 운동을 할 수 있게 지원했습니다. 그 후 더 상위단계로 갈지 결정해야 하는 순간이 왔는데 코치님은 상담 중 '잘하기는 하지만 현실적으로 프로레벨로 가기는 조금 어렵다'는 조언을 하셨고 아들은 그것에 수긍했습니다. 그 후 축구는 취미의 영역으로 하기로 하고 후회 없이 중단했고 지금은 조기축구, 풋살을 재미나게 즐기고 있습니다.

어느 날은 프로게이머가 되겠다고 말을 했습니다. 가능하겠느냐는 우리의 물음에 아들은 지금 자신의 레벨과 어느 정도 시간을 투자하고 노력하면 어느 정도 올라가는 것이 가능한지를 설명하며 우리를 설득했습니다.

두말하지 않고 마음껏 해 보라고 말했습니다. 결론적으로 최종레벨까지 가지는 못했고 스스로 판단하여 중단했습니다. 그러나 후회나 아쉬움은 없습니다. 마음껏 하도록 해 주니 스스로 조절하고 또 다른 길을 찾아

갔습니다.

조금 힘들고 손이 많이 가고 답답하지만 스스로 결정하고 절제할 수 있도록 교육하는 게 맞지 않을까요? 휴대폰을 거두거나 무엇을 하지 못하도록 강제하는 것은 가장 쉬운 방법입니다. 그러나 그것이 가장 최선의 방법은 아닙니다.

어떤 경우는 대안교육이라는 명목으로 운영기관의 과도한 가치관을 강조함으로써 오히려 바른 교육을 막고 아이들을 강제하는 아이러니가 발생하기도 합니다.

물론 모든 대안교육기관이 이런 모습은 아니고 끊임없이 바람직한 교육의 방향과 방식을 고민하는 곳이 더 많을 것이라 믿습니다. 고민하는 대안교육기관은 학업과 성장에 대한 의지와 목표를 갖고 학교를 뛰쳐나온 청소년이 흥미를 갖고 교육에 적응할 수 있도록 도움을 줍니다.

그러나 자신의 의지가 아니고 기존 학교교육에 적응하지 못해서 학교를 나오게 된 청소년은 여전히 적응하지 못하고 어려움을 겪는 것을 볼 수 있습니다.

이러한 것을 극복하기 위해 '내일더하기'는 개인의 필요와 수준에 맞춰 교육일정과 교과를 선택하고 이수하는 '일대일 맞춤형 교육방식'을 선택했습니다.

아무것도 하지 않아도 되지만
무엇이든 할 수 있는 청소년공간이야기

○ 징검다리 대안교육

'내일더하기'는 보통의 대안교육기관처럼 월요일에서 금요일까지 정기적으로 출석하는 수업 형태가 아니라 개인이 '내일더하기'와 일정을 조율하여 자신만의 일정을 만드는 느슨한 형태의 출석과 교육을 진행하고 있습니다. 이것을 우리는 '징검다리형 대안교육기관'이라고 부르고 있습니다.

징검다리 형태의 느슨한 교육방식을 활용하여 우리는 기존의 집합교육 형태인 학교수업 방식을 과감히 포기하고 '개인의 수준과 필요에 맞춘 일대일 맞춤형 교육'을 원칙으로 하기로 했고 지금까지 그 원칙과 교육방식을 고수하고 있습니다.

일대일 맞춤형 교육은 개인의 필요에 따른 개별 교육과 사회성 향상을 위한 공동체 교육을 병행하는 방식입니다.

> 징검다리형 대안교육기관은 대안교육이 법령으로 인해 교육청으로 이관되기 전 서울시학교밖청소년지원센터와 함께 진행했던 교육형태입니다. 당시에도 낯선 방식의 교육방식이었지만 '내일더하기'의 교육방침과 방향에 부합하여 지금까지 이 방식을 지켜 가고 있습니다.

결과를 중요시하지 않는 방법으로의 '이야기 나누기'를 통해 청소년과 꾸준히 대화하고 그것을 통해 필요를 파악하고 방향성을 발견하여 '개인별 맞춤 커리큘럼'을 만들어 시행하고 있는데 이 같은 교육 원칙으로 현재 10명인 '내일더하기' 재학생을 위한 10개의 커리큘럼이 운영되고 있습니다.

입학상담을 하시는 보호자분들이 이런 형태를 들으시면 매우 만족해 하시지만 한편으로는 "이것이 가능한가요? 더군다나 수업료는 없는데요?" 하며 의문을 제기하시기도 합니다. 저희도 의문이긴 하지만 여하튼 지금까지는 잘 지켜오고 있습니다.

이런 형태의 교육은 일반적인 교육 형태보다 더 많이 신경이 쓰이고 손이 가기 때문에 매우 이상적이지만 현실적으로 시도하기 어려운 방법입니다. 그러나 성장과 변화를 위해 효과적이라고 생각하기에 아직까지 도전하며 고수하고 있습니다.

연진(가명)이는 코로나 펜데믹 시기에 비대면으로 진행되는 학교교육 방식에 적응하지 못하고 교육방식이 이런 식이라면 자유로운 배움의 시간을 갖는 것이 좋겠다는 생각으로 학교를 그만두고 '내일더하기'에 입학하였습니다.

연진이는 하고 싶은 것이 너무나 많았습니다. 검정고시를 통과하기 위한 기본적인 교육과정도 진행했지만, 특별히 관심이 있는 음악, 사진, 도예 등 다양한 분야의 과목은 추가하여 배움을 경험했습니다.

'내일더하기'에서 우리가 만났던 연진이는 너무나 행복했고 기관과 집이 거리가 가깝지 않아 시간이 많이 걸렸음에도 즐겁게 오가는 모습을 볼수 있었습니다.

배움의 과정을 통해 진로를 고민하기도 했고 그 분야를 집중적으로 탐구하며 공부하기도 했습니다. 그렇게 2년여의 시간을 보낸 후 연진이는 고등학교로 복교를 결정했고 아쉽지만 '내일더하기'에서는 이별하게 되었습니다.

집이 멀어서 이전처럼 자주 만나지는 못하지만 '내일더하기'를 종료한 후에도 만남을 가지며 교류하고 있습니다. 그런데 정말 안타까운 것은 시간이 지나며 '내일더하기'에서 공부하며 활동할 때 우리가 보았던 그 친구의 재기 발랄하고 에너지 넘치던 모습을 보기 어려웠다는 것입니다. '내일더하기'에서 눈을 반짝이며 말하던 미래와 꿈들도 모두 사라지고 그냥 성적에 맞춰 대학을 가야 할 것 같다고 미소 지으며 힘없이 말하는 것을 보았을 때 마음이 너무 아팠습니다.

'내일더하기'의 교육방식이 완벽한 것도 아니고 이것만이 유일한 교육의 방식도 아닙니다. 그러나 왜 꿈을 갖고 눈이 반짝이던 한 청소년이 학교로 돌아갔을 때 꿈을 잃고 무기력해진 것일까요?

어떤 문제와 이유가 있을까요?

어른이라고 하는 우리 모두가 고민해야 할 부분이 아닐까 생각해 봅니다.

'내일더하기' 청소년들은 이러한 맞춤형 교육을 통해 시간이 걸리더라도 마음건강을 회복하여 진로와 꿈을 발견하고 대학에 진학하거나 사회현상으로 신출하고 있습니다. 그리고 솔업 후에도 기관을 찾아와 후배들을 위해 멘토로 힘을 주기도 하고 있습니다.

결국 대안교육이나 청소년활동이나 우리가 가진 공통점은 한 가지라고 생각하는데 그것은 '사람에 대한 관심'입니다.

목표나 결과지향이 아닌 사람 자체(우리는 청소년)에 관심을 갖고 그들과 함께 호흡하는 것이 가장 중요하고 그것이 회복과 성장을 위한 가장 큰 원동력이 아닐까 생각합니다.

저는 청소년활동! 특별히 대안교육을 하는 분들이 가진 가장 큰 아이러니는 너무 큰 사명감이라고 생각합니다. 사명감이 크고 우리가 가진 생각과 가치관을 청소년들에게 빨리 그리고 많이 가르쳐야 한다는 마음이 급하다 보니 기다리지 못하게 되고 조급해집니다. 그 조급함으로 인해 오히려 청소년들은 마음의 문을 닫고 멀어지게 되는 것 같습니다.

다시 강조하지만 결과를 위한 사명감을 버려야 합니다.

그것이 나를 위한 열심이 아닌지도 돌아보아야 합니다.

결국 사람이 답입니다.
함께 근무할 동료를 모실 때 가장 중요하게 보는 것은 '청소년을 향한 마음이 어떤가?'입니다.
저는 행정이나 프로그램 운영 같은 것들은 시간이 지나면 능숙해질 수 있다고 생각합니다. 그것을 위해서는 얼마든지 기다리고 시간을 줄 수 있습니다. 그러나 청소년을 대하는 마음은 다릅니다. 만약 앞서 말한 '교화의 대상'이라는 생각을 가진 분과는 함께 할 수가 없습니다.
1318상상발전소를 방문하는 대부분의 청소년들은 프로그램에 참여하기 위해 오는 것이 아닙니다. 선생님을 만나고 교제하기 위해서입니다. 그것을 통해 다른 것이 만들어집니다. 사람이 시작이며 마지막입니다.

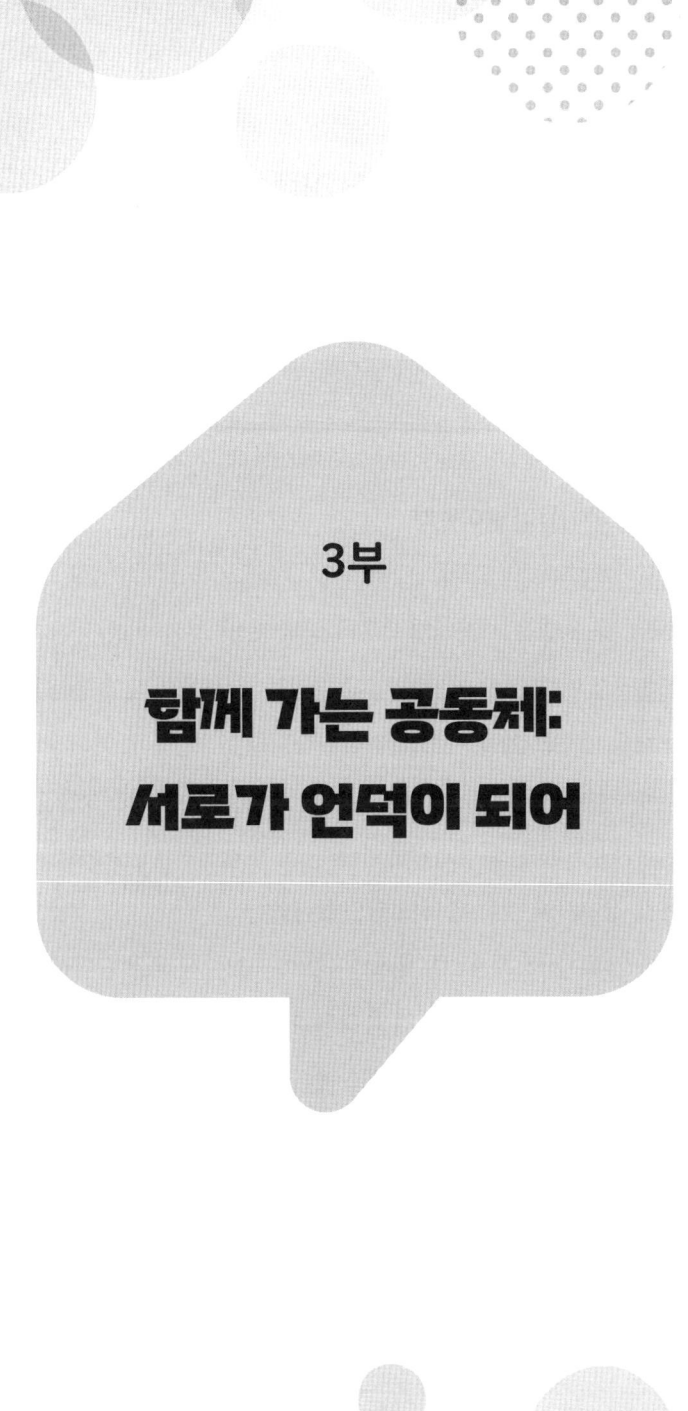

3부

함께 가는 공동체: 서로가 언덕이 되어

9장
·······

청소년에서 어른으로,
그러나 마음은 여전히 그곳에

○ 졸업한 아이들이 돌아왔다

청소년공간 운영을 시작하면서부터 꿈꿔 왔던 것은 우리 공간과 함께 성장한 친구들이 그것이 어떤 방식이 되었든지 공간 안에서 동생들과 함께 공동체를 이루고 삶을 나누는 것이었습니다.

사실 등록이라는 절차도 없고 출석이나 활동에 대해 강제성을 갖고 하는 것이 아니기 때문에 청소년들이 공간에 대해 얼마나 소속감, 유대감 등을 가질 것인가에 대한 염려도 있었습니다.

그런 가운데 한 해 두 해가 지나고 어느덧 고등 시절을 졸업하는 친구들이 생겨나게 되었습니다. 졸업 축하와 함께 농담 반 진담 반으로 "이제 안녕인가? 길에서 보면 누구세요라고 하는 거 아니지?" 같은 실없는 농담을 던지기도 했습니다. 어쩌면 정말 이제는 관계의 끈이 끊어질 수도 있겠다는 일말의 불안감 때문이었을지도 모릅니다.

기우(杞憂)였을까요? 고등학교를 졸업한 후 1~2달이 지나자 이제 공식적으로는 1318상상발전소 청소년공간을 이용하지 못하는 청소년들이 다시 공간을 찾아오기 시작했습니다.

"쌤~ 보고 싶었어요~" "청카가 그리워요" 등의 말을 하며 그동안 학교나 직장에서 있었던 이야기를 쏟아 놓습니다. 서러웠던 일도 말하며 눈물을 흘리기도 합니다.

졸업을 했지만 그들에게 청소년공간은 여전히 언덕이며 아지트였습니다.

고등학교를 졸업하고 대학에 진학하거나 사회에 진출한다고 해서 바로 어른이 되는 것이 아니라는 것을 우리는 잘 알지만 그 친구들이 비비고 기댈 언덕이 되어 주고 만들어 주는 것에는 인색합니다. "사회는 전쟁이야!"라며 몰아세우기만 합니다.

그러한 현실에서 그 친구들은 여전히 공동체가 그리웠고 언덕이 필요했던 것입니다. 그래서 그들은 다시 청카로 청소년공간으로 돌아오는 것입니다.

시시때때로 찾아와 교제하며 회복합니다. 경쟁과 성과만을 강조하는 사회에서 유일하게 '결과를 강조하지 않고 함께함을 중요시'했던 청소년공간을 기억하고 이곳에서 회복하고 힘을 얻는 것입니다.

'졸업은 끝이 아니고 새로운 시작'이라는 말을 많이 합니다. 사회인으로 또는 새로운 교육 단계로 나아가기 때문입니다.

우리도 다른 의미에서 새로운 시작이라 말하고 싶습니다. 그들이 13~18세이었던 시절에는 현실적으로 우리가 제공해 주는 것이 많았고 언덕에 기대는 존재였다면 이제는 13~18세의 동생들의 회복과 성장을 위해 스스로 언덕이 되는 존재로의 변화가 시작되고 있습니다.

그들은 졸업 후에도 여전히 공간에서 회복하고 힘을 얻지만 동시에 회복과 힘을 주는 존재로도 성장하고 있는 것입니다.

○ "제가 그때 받았던 걸 이제 후배들에게 나누고 싶어요"
― 자원봉사자에서 강사로, 그리움이 되어 버린 책임감

가급적이면 졸업한 청소년들과 현재 공간에서 활동하는 청소년들과 유대관계를 유지할 수 있도록 노력하고 있습니다. 지역사회 내에서 나를 알고 지지해 주는 선배나 어른이 있다는 사실은 무척이나 큰 힘이 되기 때문입니다.

1년에 한 번씩 청소년들이 기획하여 진행하는 '상상날개를 펴다'라는 우리 기관의 가장 큰 행사가 있습니다. 졸업한 친구들이 매년 이 행사에 다양한 모습으로 함께합니다.

음악이나 춤을 전공한 선배들이 팀을 이루어 축하공연을 하기도 합니다. 대학에서 상담을 공부하는 선배가 와서 상담부스를 함께 운영하기도 합니다. 그 밖에도 사진이나 진행, 운영을 위해 함께 힘을 보태곤 합니다.

우리가 줄 수 있는 것은 겨우 김밥 한 줄이지만 그들은 즐거운 마음으로 함께하고 오히려 기회가 있다면 언제든지 함께하겠다고 말을 합니다.

어느 날 졸업한 승희가 찾아왔습니다. 이 친구는 학창 시절을 우리 청소년공간에서 함께 보냈는데 미용을 전공하고 유명 샵에서 근무하다 지금은 개인 샵을 차려 운영하고 있습니다.[1]

와서 하는 말이 행사 있을 때 참여하는 친구들의 머리를 자신이 모두 해 주고 싶다는 것이었습니다. 예약제 개인 샵을 운영하고 있고 매일 예약이 꽉 찰 정도로 인기가 있기 때문에 이이들 때문에 예약을 받지 못하면 그만큼 신용과 수입에 손해를 보게 됩니다.

손님이 많기는 하지만 아직은 소규모 자영업자이기 때문에 걱정이 되었습니다.

"괜찮겠어?"라는 저의 물음에 "제가 해 주고 싶어서 그래요. 괜찮아요"

---

1) **모꼬(mocco)** https://m.blog.naver.com/aaa07102.

라고 밝게 웃으며 말합니다.

그리고 앞서 말한 '상상날개를 펴다' 행사 때 3시간이 넘도록 참여 청소년들의 머리를 만져 주었고 그날 샵의 문을 닫고 행사장에 와서 머리를 수정해 주기도 하고 동생들의 행사를 흐뭇한 미소로 지켜보며 박수로 응원까지 해 주었습니다.

몇몇 친구들은 후배들을 위해 학업멘토로 봉사합니다. 자신들도 학창시절에 겪었던 어려움이 있기에 필요한 친구들이 있다면 함께하고 싶다고 합니다. 멘티 친구들은 다른 선생님이 가르칠 때보다 더 열심히 공부합니다. 중학교, 고등학교 선배인 경우가 많기 때문입니다. 학습효과가 아주 좋습니다.

캠프활동이 진행될 때 그 소식을 들은 친구는 자신의 경비는 본인이 부담할 테니 동생들과 함께할 수 있는지 묻습니다. 청소년들이 편안하게 캠프활동을 할 수 있도록 보호자 또는 멘토로 함께 참여하고자 하는 마음입니다.

한 친구는 조심스럽게 찾아와 밴드부에 도움을 줘도 되는지 물어봅니다. 코로나 시기를 지나던 시기여서 운영에 어려움이 있었습니다. 가능하다면 본인이 밴드부와 함께하고 싶다고 말하고 수년간 밴드디렉터로 동생들과 함께했습니다.

항상 든든하고 힘이 됩니다.

시간이 지나면서 청소년들의 배움에 대한 욕구가 강해지고 있습니다. 특별히 저희는 문화예술 분야에 강점을 갖고 있기 때문에 청소년들의 필요와 욕구에 맞춰 음악, 미술, 댄스, 바리스타 그리고 미용 등 다양한 예술교육을 진행하고 있습니다.

저희가 모든 것을 할 수 없기 때문에 강사를 모시게 되는데 그때 원칙이 있습니다.

가장 중요한 것은 성실입니다. 저는 전공을 하고 강사를 하는 사람이라면 누구나 실력이 좋고 청소년들을 가르칠 역량은 넘친다고 생각하고 믿는 편입니다. 그런데 실력과 스펙은 좋지만 성실하지 못하고 자신의 일정으로 인해 시간 약속을 자주 바꾸고 어기게 되면 교육활동을 할 수 없습니다. 실제로 실력은 출중하지만 개인일정으로 인해 강의에 충실하지 못했던 여러 강사들의 교육을 중단시키기도 했습니다. 미안한 마음이 없는 것은 아니지만 참여 청소년들에게도 시간 약속과 성실을 가장 중요한 것으로 강조하고 있는데 강사가 그것을 지키지 못한다면 우리가 할 말이 없기 때문에 성실함과 시간 약속을 요청합니다. 이것은 자원봉사자들에게 마찬가지입니다. 자원봉사자들도 성실하지 못한다면 우리가 힘들어도 보내드립니다.

성실을 기본으로 두 번째 기준은 공간출신 강사입니다. 앞서 말했듯이 1318상상발전소에서 활동을 하다가 전공을 하고 현직에서 활동하는 친구들이 많이 있습니다. 그래서 그 친구들을 우선으로 모셔서 강의할 수 있도록 합니다. 이것도 학업멘토링과 같이 배우는 청소년들의 몰입도가 무척 높습니다. 이곳에서 활동했던 선배이기 때문입니다.

수년간에 걸쳐 네일아트, 보컬, 악기, 댄스 강의를 하고 있는 친구들이 있습니다. 이 친구들은 우리의 든든한 동료입니다.

이제 공간의 청소년들은 다시 돌아와 동생들과 함께 하는 것을 꿈꿉니다. 졸업을 앞둔 한 친구는 1~2년만 기다리면 자신도 선배들과 같이 다시 돌아와 동생들을 가르치겠다고 말합니다. 지역 내 선순환과 긍정적 에너지의 전파라고 말할 수 있습니다.

지역사회의 행사가 있고 공연이나 활동이 필요하면 우선으로 청소년 공간 출신의 아티스트나 활동가 친구들을 추천합니다. 누가 뭐래도 자랑스러운 우리의 아이들이며 동료이기 때문입니다.

여러 번의 공연과 활동에서 지역사회는 매우 큰 박수와 호응을 보내 주셨습니다. 1318상상발전소가 아닌 우리 지역이 키운 친구들이라 생각하고 따뜻한 눈길로 바라봐 주셨기 때문입니다.

단순히 돈 때문에 또 다른 이유로 다시 1318상상발전소를 찾고 봉사나 강의를 하는 것은 아닙니다. 자신이 청소년 시절 느꼈던 감동과 기쁨을 함께 나누고자 하는 마음이 있습니다. 받았던 것을 다시 나누며 공동체를 이루고 싶어 하는 마음 때문입니다.

그렇게 한 공동체가 되어 가고 지역사회의 진정한 인적 선순환구조가 만들어지게 됩니다.

○ 공간을 만들던 아이가, 공간을 지키는 사람이 되다

청소년들과 함께하다 보면 "청소년지도사나 사회복지사가 돼서 청카로 다시 올 거예요!"라는 말을 자주 듣습니다.

우리는 "그래 기다릴게~ 이제 너희들이 맡아서 해야지! 무조건 합격"이라고 말합니다.

물론 아직까지 자격증을 취득하고 활동가로 근무하기 위해 온 친구들은 없습니다.

그런데 몇 년 전부터 공간출신 친구들이 공간을 지키기 시작했습니다. 처음에는 자원봉사로 이후에는 파트타임으로 함께하고 있습니다.

공간의 정신과 원칙, 기준을 모두 아는 친구들이기 때문에 별다른 교육이나 적응과정이 필요 없다는 장점이 있습니다. 또 한 가지는 지역의 선배들이기 때문에 오히려 친근하기도 하고(졸업한 지 얼마 안된 친구들은 얼굴이 더욱 익숙합니다) 다소 거친 친구들도 선배를 조심스러워합니다.

부분적이긴 하지만 처음부터 꿈꿔 왔던 대로 공간 출신 청소년이 공간을 지키고 운영하는 것이 이루어지고 있는 것입니다.

이 모든 것이 새로운 공동체를 형성하는 것이라 확신합니다. 날이 갈수록 개인주의가 심화되고 다른 사람에 대한 관심이 줄어드는 현실에서 선후배가 생각과 삶을 공유하고 서로 언덕이 되어 주는 공동체를 이루는 것은 너무나 고무적이고 지역사회에서 꼭 필요한 것입니다.

청소년활동이나 시민운동을 하는 모든 분들은 '지역에서 활동가를 양성하고 그들이 성장해서 나와 함께 활동하며 언제가 내가 그들에게 나의 자리를 물려주고 쿨하게 퇴장하는!' 아름다운 공동체를 한 번쯤은 꿈꿔 봤을 것입니다.

청소년들이 활동하기에 너무 크지도 않고 그렇다고 너무 공적으로 움직이지도 않는 청소년공간은 이러한 공동체를 수립하고 유지하는 데 가장 적합하다고 생각합니다.

그리고 1318상상발전소가 청소년들과 함께 모두의 꿈을 현실로 만들어 나가고 있습니다.

○ 스무 살 청년이 된 그들이 전한 말
─ "고마웠어요, 그래서 남았어요"

〈남긴 글 그대로 수록합니다〉

"처음에는 낯설었습니다! 여러 학교 친구들부터 형 누나 들까지 한자리에서 볼 수 있는 장소여서 그랬던 거 같습니다. 다들 같은 동네니까 얼굴을 한 번쯤은 본 사람들인데, 그 사람들을 가까이서 보니 신기하기도 하고 어색하기도 했습니다! 하지만 청카가 없었다면 정말 얼굴 한 번 보고 말 사이였을 것 같아요! 덕분에 여러 사람들을 만날 수 있어서 너무 좋았던 거 같습니다."

"우선 저의 의견을 내세울 수 있는 힘이 생긴 것 같습니다. 저는 소극적이고 제 의견에 확신이 없었고 다양한 활동에 도전하는 것에도 굉장히 자

아무것도 하지 않아도 되지만
무엇이든 할 수 있는 청소년공간이야기

신이 없었던 학생이었습니다. 하지만 잼마 쌤과 함께하는 청소년운영위원회에 들어가게 되면서 부스를 직접 운영해 보고 축제 기획을 세우는 기회를 얻게 되었습니다! 이 이후로 고등학교에 진학하여 동아리를 개설하기도 하고 대학교에 입학하여 학과 부학회장이 되기도 하는 등 저에게 아주 큰 영향을 주었습니다."

"나의 재능을 나보다 먼저 알아봐 주신 선생님! 나의 길이 아닌 것에 시간과 체력을 허비하던 나를, 결국 믿고 이끌어 주셨기에 지금의 내가 있다고 생각한다."

"다양한 경험을 할 수 있게 해 줬고, 꿈만 꿔 왔던 것들을 실제로 해 볼 수 있는 기회를 주었습니다. 덕분에 상상에만 그치지 않고 실천할 수 있는 성인이 되었습니다."

"이 공간에서 다양한 활동과 경험을 하면서, 제가 무엇을 좋아하고 어떤 걸 잘하는지 조금씩 알게 되었습니다. 그 과정에서 스스로에 대한 믿음도 생기고, 자존감도 눈에 띄게 높아졌습니다. 단순히 시간을 보내는 곳이 아니라, 저 자신을 알아가고 성장할 수 있었던 정말 소중한 공간이었습니다."

"활동들 하나하나가 저의 인생에 있어서 전환점과 마찬가지였고, 지금도 그때의 추억으로 하루하루를 살아갑니다."

"아무래도 나 혼자가 아닌 모두와 함께 지내며 돈독하게 지내다 보니 즐거울 수밖에 없었던 것 같다."

"처음에는 낯설고 새로운 활동들이 조금 부담스럽게 느껴졌지만, 하나씩 경험해 나가면서 점점 '나도 할 수 있구나!'라는 생각이 들기 시작했습니다.
그 과정을 통해 도전하는 것에 대한 두려움이 줄었고, 잘해 내는 것보다 해 보는 것 자체가 의미 있다는 걸 배울 수 있었습니다. 이런 경험들이 쌓이면서 자연스럽게 스스로를 믿는 힘이 생겼고, 지금은 예전보다 훨씬 더 적극적으로 무언가에 도전할 수 있게 되었습니다."

"사고방식이 긍정적으로 바뀌어 심리적, 정신적으로 큰 데미지를 막을 수 있었습니다."

"1318상상발전소는 인생의 동아줄과 같습니다."

"내게 쉼을 주는 곳이기도 했지만, 꿈도 꾸게 해 준 곳이다."

"1318상상발전소는 캔버스 같은 공간이다. 정해진 틀 없이 내 생각을 맘껏 표현하고 만들 수 있다고 생각하기 때문이다."

"제 아지트, 우리 집 같은… 어떻게 보면 저의 10대에 길을 좋은 길로 이끌어 준 네비게이션!"

"나의 청춘 나의 행복했던 기억 즐거웠던 기억으로 남은 거 같다. 영원히 청소년이고 싶다는 기분이 들게 해 주었던 공간이다."

"언제든 찾아와도 편안한 공간, 그 공간에 있을 후배들에게 맛있는 거 사 주러 가고 싶은 곳, 성장의 두려움이 줄어드는 곳!"

"1318상상발전소는 저에게 나를 만들어 가는 중요한 밑거름이자, 나만의 가능성을 발견한 특별한 공간이었습니다. 이곳에서 다양한 경험을 쌓으며 스스로를 더 잘 이해하게 되었고, 한 단계 더 성장할 기회를 얻었습니다. 단순한 공간 이상의 의미를 지닌, 제 인생의 중요한 전환점이자 성장의 발판이었습니다."

"1318상상발전소는 저에게 참 고맙고 든든한 버팀목 같은 공간입니다."

"앞으로도 청소년 친구들이 여러 생각을 할 수 있게 기회를 주고, 경험을 주는 곳이었으면 좋겠네요. 저 역시도 다양한 경험을 했기에, 다른 사람들보다 많은 걸 느끼고, 조금 더 성숙해진 것 같아서요.
청카의 가장 큰 의미는 무엇보다 "니 알아서 해라!"인 것 같아요. 공부를 하든, 노래를 하든 일단 네가 해 보고 싶은 거 한번 해 봐. 이런 느낌?
저 나이 때는 공부든 아니든 남이 시킨 걸 하기 쉽죠. 근데 처음으로 알아서 해 보라고 하니 당황스럽지만 그 과정에서 오는 신선함이 좋았던 거같아요. 그리고 그게 가장 깊게 남아 있고요. 앞으로도 능동적인 경험을할 수 있는 기회를 주는 공간이 되었으면 좋겠습니다."

"제가 돈 많이 벌 때까지 망하지 마세요! 얼른 돈 벌게요."

○ 아이러니
― 사랑이 꼭 사랑으로 돌아오지는 않는다

청소년지도사, 사회복지사 등 직업이지만 어느 정도 사명의 영역이 포함되는 직업군에 있는 분들을 만나 보면 순수하고 맑은 영혼을 가진 분들이 많은 것을 알 수 있습니다. 자기희생으로 대상자들을 대하고 감정이입도 많습니다.

1318상상발전소의 청소년지도자들도 마찬가지입니다. 박봉이고 격무에 시달리고 있지만 항상 웃고 있으며 만나는 청소년들이 예뻐서 어쩔 줄 모르는 분들이 모여 있습니다. 상대적으로 'T'인 저는 좀 냉정한 편입니다. 아이들을 대하는 방식이 다르다고 그렇게 스스로 위로합니다.

이렇게 마음이 순수하고 일종의 사명감을 갖고 임하다 보니 역으로 상처를 많이 받기도 합니다. 시간과 정성과 돈을 들여 사랑을 줬는데 그 마음도 몰라주고 상처를 주는 경우가 너무나 많기 때문입니다.

'청카'를 이용하는 간단한 기본 원칙이 3가지가 있는데 첫 번째 오고 갈때 인사하기, 두 번째 자기가 사용한 물건은 스스로 정리하기, 세 번째 비속어 사용하지 않기입니다.

계속 말을 하지만 특히 2번째 원칙이 잘 지켜지지 않는 경우가 많은데 일부러라기보다는 아이들이 산만하다 보니 잊을 때가 많다고 생각합니다.

그런데 어느 날은 컵을 사용하고 치우지 않는 친구에게 정리하라 말하고 "너희가 사용했는데 우리가 치울 수는 없잖니?"라고 농담처럼 말했더니 "선생님은 돈 받고 일하는 거잖아요? 그러니 선생님이 치워야 되지요"라고 해맑게 웃으며 말을 했습니다.

우리는 사랑으로 아이들을 대하지만 일부 아이들은 우리가 그저 생계를 유지하기 수단으로써 이 일을 하고 있다고 생각하기도 합니다.

1318상상발전소의 한 청소년지도자는 어머니가 안 계신 자매를 수년간 밥해 먹이고 학교생활 챙기며 진학과정까지 신경 써서 친엄마처럼 돌봐 줬음에도 언니 졸업 후에는 둘 다 단 한 번도 찾아오지 않았고 감사나 연락도 없었습니다.

감사를 받으려 한 행동은 아니지만 쓸쓸하기도 합니다.

더 안타깝고 화가 나는 경우도 있습니다.

어느 날, 슬리퍼와 휴대폰 하나만을 들고 집에서 쫓겨났다는 한 아이의 긴급한 연락을 받았습니다.

운진(가명)이는 가정폭력으로 인해 오갈 곳도 없어 당장 잠잘 곳, 먹을 것, 입을 것 등 살아가는 데 가장 기본적인 의식주조차 해결할 수 없는 상황이었습니다.

1318상상발전소는 잠자는 곳을 제공할 수 없었고, 임시 숙박시설 역시

하루이틀의 대안일 뿐 지속 가능한 해결책은 아니었으니까요.

가장 먼저 떠오른 곳은 자치구 아동청소년과였습니다. 청소년과의 도움으로 운진이가 살던 주민센터 사회복지팀과 연계되었고 아이의 상황을 심각하게 인식하시어 자치구 긴급지원 요청을 통해 머물 곳을 마련해 주셨습니다.

우선 머물 곳이 마련된 후에 우리는 학과교육은 물론, 사회진출을 위한 직업교육과 자격증 취득 교육도 함께 진행하였으며 행정 절차를 거쳐 긴급생활지원금을 받을 수 있도록 연계하였습니다.

이러한 다양한 협력과 방법으로 운진이의 거주지와 용돈, 교육비를 확보할 수 있었고 앞으로 미래의 자립을 위한 대비가 필요했습니다. 그래서 앞으로 들어올 지원금은 자립 시기에 사용할 수 있도록 통장에 따로 보관하기로 운진이와 합의했습니다.

그렇게 2년 정도의 시간이 흘렀습니다. 운진이는 학업과 다양한 활동에 참여하며 혼란스러웠던 생활이 조금씩 안정되어 갔습니다. 그때 우연히 자신의 통장에 모아진 금액을 알게 되었고, 이를 알게 된 운진이는 그동안 억눌러 왔던 욕구들을 분출하고 싶어 했습니다. 게임용 컴퓨터를 사고 싶어 했고, 친구들과 유흥을 즐기고 싶어 했습니다.

결국 운진이는 우리에게 달려와 모아진 돈을 달라고 했습니다. 이유를 물으니 이것도 필요하고 저것도 해야 한다며 그 돈이 필요하다고 했습니다.

"네가 언제까지 지원을 받을 수 있는 것도 아니고 우리가 언제까지 너를 돌봐 줄 수 있는 것도 아니니 꼭 필요한 것이 아니면 이 돈은 손대지 말고 자립을 위해 사용하자. 처음에 너와 함께 계획했고 너도 동의하고 시작했는데, 조금만 더 모으면 나라에서 지원하는 전체지원사업에 신청할 보증금과 살림을 장만할 수 있을 것 같은데 그러면 너도 조금씩 자립하는 데 도움이 될 거야. 다시 한번 생각할 수 없겠니?"

그러나 운진이는 막무가내였습니다.

자신의 돈을 이제는 스스로 관리하고 싶고, 내어 주지 않아도 허락 없이 사용할 수 있으니, 요청하는 것이 이루어지지 않으면 1318상상발전소를 떠나겠다고 했습니다.

우리는 성인군자가 아닙니다.

"이렇게까지 설명했는데도 받아들이지 않고 신뢰하지 못한다면 할 수 없지… 그러나 네가 우리를 신뢰하지 못하고 우리와 함께한 약속을 지킬 수 없다면 우리는 더 이상 너와 함께할 수는 없을 것 같다. 그래도 괜찮겠니?" 운진이는 상관없다고 했습니다.

결국 통장을 내어 주었고, 그 친구는 그 후 다시는 1318상상발전소를 방문하지 않았습니다. 곁에 있던 친구를 통해 들은 이야기로는 한 달 만에 수백만 원의 돈을 모두 쓰고 친구들에게 돈을 빌리고 있다고 합니다.

지금도 그때를 생각하면 아쉬움이 남습니다. 그 이후에 다시 한번 찾아왔더라면 얼마나 좋았을까? 아마 다시 '죄송합니다'라는 한마디와 함께 돌아왔다면, 우리는 다시 시작할 수 있었을 텐데 말입니다.

지성(가명)이는 꿈을 위해 도전하고 싶었으나 보호자의 방관으로 매일 울고 있던 친구였습니다. 우리는 이렇게 방치할 수 없다고 판단했습니다.

관심 없는 부모님을 설득해서 각종 서류를 받아 내었고 행정을 설득하여 장학금을 연계했고 개인후원을 위한 후원포토폴리오로 개인 후원자를 모집했습니다. (지성이에 대한 후원연계는 개인의 낙인감을 고려하여 공개적인 모금이 아닌 개인후원으로 연계하였습니다. 청카의 어떤 친구들도 지성이가 후원을 받았다는 사실은 알지 못합니다.)

그리고 외부 지원사업까지 연계하였고 결국 원하는 대학에 합격하여 꿈을 향한 도전을 이어 갈 수 있었습니다. 너무나 기쁘고 행복한 순간이었습니다.

그런데 어느 날 업무를 마치고 귀가하려는데 공간의 물품이 없어진 것을 알게 되었습니다. 마침 그때 공간의 구조를 바꾸고 물품을 정리하던 시점이었기에 어디 들어가 있으려니 생각했는데 정리가 완료된 후에도 물품은 나오지 않았습니다.

공교롭게도 그날은 졸업을 앞둔 지성이가 공간을 찾아와 시간을 보냈던 날이었습니다. 혹시나 하는 마음에 공간의 CCTV를 돌려봤는데 '아뿔사!' 지성이가 물품을 슬쩍 자기 가방에 넣는 것을 보게 되었습니다.

끝까지 믿고 싶지 않았고 우선 만나서 이야기를 들어 보고 싶었습니다. 그런데 그날 이후 지성이는 공간에 다시는 찾아오지 않았고 전화와 메신저를 비롯한 모든 연락 방법을 차단했습니다.

이 일은 1318상상발전소의 어떤 청소년도 알지 못합니다. 어느 날 우연히 길에서 지성이를 만났는데 그때 함께 활동하던 다른 청소년이 같이 있어서 "한번 보자~"라는 인사만 남기고 헤어졌습니다. 그러나 여전히 연락도 만남도 없는 상태입니다.

운진이의 경우와 마찬가지로 우리는 지성이를 단죄하려는 생각을 갖고 있지 않습니다. 누구나 순간적으로 실수할 수 있으니 단지 스스로 찾아와 자신의 행동에 대한 책임 있는 사과와 함께 관계를 회복하길 바랄 뿐입니다. 그러나 수년이 지난 지금도 여전히 소식이 없습니다. 안타까운 일입니다.

사실 이런 일들은 비일비재합니다. 청소년들뿐만 아니라 자신들의 자녀를 위해 시간과 정성을 쏟고 애쓴 것을 보고 알고 있는 보호자들 중에도 단 한 번의 인사나 심지어는 문자 한 통도 보내지 않는 분들도 계십니다. 인사 받으려고 하는 것은 아니지만 우리도 사람이니 때로는 너무하다는 생각을 할 때도 있습니다.

어떤 경우는 진학이나 생활의 문제 등으로 계속 의논하고 도움을 청하지만 문제가 해결되거나 고등학교를 졸업한 후에는 안면몰수하는 경우도 있는데 이것은 너무 흔한 일이라 사실 이야기거리도 안됩니다.

앞에 많은 사례를 나누었지만 매우 일부의 부정적 사례들입니다. 대부분은 좋은 결과와 관계가 형성되는 경우가 많습니다. 그러나 부정적이고 마음 아픈 일들도 무척이나 많은 것이 현실입니다.

저는 함께하는 동료들에게 이렇게 말합니다.
"여러분이 청소년들을 향한 뜨거운 마음이 있는 것을 압니다. 그 마음이 식지 않도록 열심히 불을 지피세요. 그러나 머리는 얼음처럼 냉정해지시길 부탁드립니다. 그것은 우리가 청소년들을 위해 쏟은 희생과 사랑이 그대로 우리에게 돌아오지 않기 때문입니다. 어떤 서운한 일들 때문에 소위 멘탈이 흔들리고 어려움을 느낀다면 이 일을 오래 할 수 없습니다. 명심하세요. 마음은 뜨겁게 그러나 머리는 냉정하게 유지할 수 있도록 최선을 다해야 합니다."

그리고 이렇게도 말합니다.
"바라지도 기대하지도 마세요. 그저 우리는 우리 마음이 시키는 대로 행동하는 것입니다. 그 행동이 좋은 리액션이나 결과로 돌아올 것을 기대하지 마세요. 우리는 우리가 해야 할 일을 최선을 다하는 것 거기까지입니다. 그 이후의 선택과 일어나는 일들은 청소년들의 몫입니다.
좋은 결과로 온다면 감사한 것이고 오지 않는다고 해도 우리는 우리의 가슴이 뛰는 대로 행동했으니 그것 자체로 가치가 있는 것입니다."

좋은 마음과 말, 행동이 꼭 그대로 돌아오지는 않습니다. 청소년공간에서 무한정 퍼주고 챙겨 주지만 그것을 감사하게 여기지 않고 당연하게 여기는 친구들도 있습니다.
정말 가슴 아프고 안타까운 것은 계속해서 사랑과 관심을 주는데도 그것을 거부하고 경계하며 마음을 닫는 경우입니다. 사랑을 주지만 끝까지 마음의 문을 열지 않는 경우도 부지기수입니다. 아무리 사랑을 쏟아부어도 결국은 청소년이 마음의 문을 열어야 하는데 그렇지 않는 경우는 너무 안타깝습니다.

때로는 "왜 이렇게까지 해야 해?"라는 자괴감이 들 때도 있습니다.

그러나 그런 여러 가지 것들에 분노하기보다는 우리의 사랑과 마음을 그대로 받아들이고 감사하며 함께하는 단 한 명의 청소년을 바라보려 합니다.

감히 말하지만 이것이 청소년공간의 양과 음입니다.

4부

다시,
상상을 시작하며

10장
·········
1318상상발전소가 남기고 싶은 것

○ 한 사람의 가능성을 믿는다는 것
  ─ 우리는 무엇을 꿈꾸는가?

정현종은 그의 시 「방문객」에서

사람이 온다는 건 / 실은 어머어마한 일이다.
…
한 사람의 인생이 오기 때문이다.

라고 말하였습니다.

우리는 "한 청소년을 만난다는 건 정말 어마어마한 일이다"라고 말하고
싶습니다. 왜냐하면 아직 실현되지 않은 한 청소년의 가능성을 기대하게
되고 꿈꾸며 도전할 수 있기 때문입니다.
가능성을 기대하고 믿는다는 것은 무엇을 의미할까요?

가능성의 사전적 의미는 '어떤 일이 일어날 수 있는 성질이나 정도'를 말합니다.

그런데 사람에 대해 가능성을 이야기할 때는 특히 청소년의 성장에 대한 가능성을 이야기할 때는 의식적이든 무의식적이든 어떤 눈에 보이는 결과를 염두에 두는 것이 보통입니다. 그리고 기대했던 어떤 가능성(결과)이 성취되었을 때는 크게 기뻐하고 반대의 경우에는 (최소한 겉으로는 그렇지 않지만) 실망하는 것이 일반적입니다.

그러나 우리가 믿는 가능성은 조금 다릅니다.

우리가 믿는 가능성은 어떤 눈에 보이는 가시적인 결과를 기대하는 것이 아닌 하나하나의 과정을 통해 한 청소년이 자기 자신을 찾아 그 자체가 되어 가는 것입니다.

> 처음에는 낯설고 새로운 활동들이 조금 부담스럽게 느껴졌지만, 하나씩 경험해 나가면서 점점 '나도 할 수 있구나!'라는 생각이 들기 시작했습니다.
> 그 과정을 통해 도전하는 것에 대한 두려움이 줄었고, 잘해 내는 것보다 해 보는 것 자체가 의미 있다는 걸 배울 수 있었습니다. 이런 경험들이 쌓이면서 자연스럽게 스스로를 믿는 힘이 생겼고, 지금은 예전보다 훨씬 더 적극적으로 무인가에 도전할 수 있게 되었습니다.
>
> (김채영)

1318상상발전소 청소년공간을 경험한 졸업생의 말과 같이 청소년의 시간은 도전이며 그 과정을 통해 성장하고 만들어지는 것입니다.

우리가 궁극적으로 추구하는 것은 우리와 만나는 청소년이 자신의 삶을 주체적으로 행복하게 살아가는 것입니다. 그리고 행복한 삶은 학교나 직업 등 외적으로 보이는 어떤 가시적인 결과만으로 결정되는 것은 아니라고 생각합니다.

결과물은 과정에서 나오는 부수적인 성과일 뿐입니다. 그렇기에 우리는 보이는 결과물에 집착하기보다는 한 청소년을 기대감으로 바라보며 성공과 실패, 웃음과 눈물을 함께하며 삶을 살아가길 원합니다.

○ 편한 길을 따르지 않고 힘든 길을 찾는 노력

1318상상발전소를 시작하며 뭔가 거창한 담론이나 비전을 내세우지 않았습니다. 그저 우리가 만나는 청소년들에게 숨 쉴 곳을 마련해 주고 싶었고 그들이 마음껏 활동하고 도전할 수 있는 기반이 되고 싶다는 단순한 생각이었습니다.

그래서 처음 시작할 때부터 계획을 세워 프로그램을 기획하고 홍보하여 진행하고 결과 보고하는 기존의 방식을 따르지 않으려 했습니다.

기존의 사업방식과는 다르게 생각하고 다른 방식으로 접근했습니다. 주변에서는 이런 우리의 모습을 보고 체계가 없다고도 말씀하시고 그런 식으로 운영하면 어렵다고 조언하시기도 했습니다.

우리의 방식이라 하면 청소년들의 바람과 요구를 바탕으로 하여 그들의 생각으로 계획을 수립하고 진행하는 방식입니다. 지금은 이런 방식으로 시도하려는 모습을 많이 볼 수 있지만 당시만 해도 낯선 방식이었습니다.

아무것도 하지 않아도 되지만
무엇이든 할 수 있는 청소년공간이야기

이전에도 각 청소년센터나 시설에서는 청소년운영위원회 같은 조직을 운영해 왔고 이를 통해 청소년들의 의견을 취합하곤 했지만 사실상 이 조직은 법령으로 만들어야 하는 의무사항으로 자발성이 부족했습니다. 그래서 실제로 청소년들의 의견이 반영된다기보다는 참고 수준으로 받아들여진 경우가 많았습니다.

물론 요즘은 많이 달라진 것으로 믿고 있습니다.

처음부터 청소년들의 의견을 기준으로 운영하는 것을 원칙으로 했기 때문에 쉽지 않습니다.

물론 청소년지도자들이 계획은 세우지만 큰 틀의 계획만 세울 뿐이며 그마저도 논의에 따라 변경되거나 완전히 달라질 수 있습니다.

예를 들어 '캠프를 간다'라는 대전제는 세우지만 언제, 어디로 누가 그리고 가서 무엇을 하는지는 참여청소년이 직접 결정하고 계획합니다. 때에 따라서는 캠프 자체가 없어지기도 합니다.

연중계획의 경우 연말이 되면 청소년운영위원회나 각 자치활동기구 또는 공간을 이용하는 청소년들의 의견을 취합하고 적극적으로 소통하여 계획을 수립합니다. 그러나 이 또한 대략적인 계획일 뿐 실행은 청소년들과 함께 만들어 갑니다.

그래서 우리 기관의 청소년지도자들은 2, 3번의 서류작업을 할 수밖에 없습니다. 먼저는 보조금 또는 예산을 지원받기 위한 계획서, 두 번째는 청소년들과 함께 만든 수정계획서, 마지막은 실제 진행을 위한 실행계획서입니다.

힘들지만 즐겁게 하는 이유는 가치가 있기 때문입니다.

작은 청소년공간이지만 여러 곳에서 1318상상발전소를 방문해 주십니다. 여러 이야기를 나누고 우리의 상황을 공유하면 이구동성으로 "너무 좋다" "청소년활동은 이래야 한다" "사실 이런 것을 꿈꾸며 청소년지도자가 되었다"라고 말합니다. 그런데 마지막에 하는 말은 "그렇지만 우리 기관은 이렇게 못해요"입니다.

타 기관의 청소년지도자들이 이렇게 말하는 이유는 절차와 형식 그리고 결과와 성과를 중요시하는 현실 때문입니다.

절차와 형식을 지켜야 하니 청소년들과 함께 유연하게 활동하기 어렵습니다. 성과, 수치를 중요시하다 보니 단순히 이용인원, 시간, 활동 수, 결과물 등을 중심으로 모든 활동을 운영할 수밖에 없습니다. 예산과 평가하는 부분이 걸려 있기 때문입니다.

예산을 지원하는 입장에서는 성과를 평가할 수 있는 기준이 있어야 한다는 것에는 동의하지만 청소년활동은 결코 수치로만 평가될 수 없고 그렇게 해서도 안 된다는 점을 이해해야 합니다.

청소년활동은 성장과 회복 그리고 도전과 과정을 기반으로 만들어지는 눈에 보이는 않는 관계성이 중요합니다.

1318상상발전소는 조금 힘들지만 '청소년의 생각이 우선'이라는 원칙을 갖고 어렵고 힘들지만 지금까지 이어 오고 있습니다.

그리고 우리의 이러한 원칙을 지켜 나갈 수 있도록 지지해 주시고 행정

절차 안에서 최대한으로 지원해 주신 지자체와 지역주민분들 그리고 이 모든 행정을 기꺼이 감당해 준 동료들이 계셨기에 가능했습니다.

○ 매일 다시 시작하는 마음으로

젊은 시절 찬양팀의 리더로 군부대 교회집회를 다닌 때가 있었습니다. 거의 일주일에 한 번씩 1년에 50여 회 정도 10년 정도 강원도 최전방부터 부산 해군부대까지 전국을 누비며 찬양집회를 다녔습니다.

군부대에 가면 꼭 그 부대의 군종병들(특히 보직으로서의 군종병이 아닌 중대나 대대에서 부보직으로 활동하는 군종병들)을 만나서 하는 이야기가 있었습니다.

그것은 "어떤 목적을 갖고 후임들이나 내무반에 있는 동료들에게 잘해 주지 말아라"입니다.

이 말의 뜻은 주변 사람들에게 살해 주지 말라는 말이 아니라 신앙이 없는 후임이나 동료들을 교회로 데려가기 위한 '목적'으로 친절을 베풀지 말라는 말입니다.

친절에는 목적이 없어야 합니다. 어떤 목적이 들어간 순간 친절의 순수성은 사라지고 친절을 행하는 사람의 '목적'을 달성하기 위한 '수단'이 됩니다.

그런 의미에서 교회로 이끌기 위해 친절을 베풀지 말고 그냥 상대방에 대한 존중과 사랑으로 섬기라고 권고하였습니다. 그 과정에서 어떤 결과가 나타날 수도 있는 것입니다.

청소년공간을 운영함에 있어서도 마찬가지라고 생각합니다. "이 공간을 통해 우리가 이 청소년을 변화시키고 잘 만들고 우리 공간이 이런 성과를 만들어 내야지!"라는 마음을 먹는 순간 공간운영의 순수성은 사라지게 됩니다.

청소년들은 우리가 어떤 목적을 갖고 접근하면 바로 느낍니다. 그리고 거부감을 보이고 "결국 그렇지 뭐"라고 생각합니다. 그러면서 멀어지게 되고 결국은 공간을 떠나게 됩니다.

그렇기에 우리는 그저 처음에 마음먹었던 것처럼 청소년들에 자유롭게 숨 쉴 수 있는 공간을 제공하고 언덕이 되어 주는 것에 만족하면 됩니다.

그러한 첫 마음에 충실하다 보면 성장하는 청소년도 나오게 되고 변화하는 청소년도 나타나게 됩니다.

시간이 지나며 사회적으로 인정받는 성과를 거둘 수도 있습니다. 그러나 그것이 목적이 되어서는 안 됩니다.

우리는 매일매일 무엇인가를 해야만 한다는 유혹에 흔들립니다.

무엇을 하지 않는 그것이 내가 무력한 것 같기도 하고 직무유기처럼 느껴지기도 합니다.

그러나 첫 마음이 변하지 않는 한 우리의 모든 행위는 가치가 있으며 직무유기가 아닙니다.

○ 1318 이후를 꿈꾸며

청소년공간을 오랫동안 운영하다 보니 고등학교를 졸업한 후기청소년들을 자주 만나게 됩니다. 그들을 사회에서는 청년이라 부르고 어른이라고 부릅니다.

그런데 고등학교를 졸업했다고 어른이 되는 것은 아닙니다. 고등학교를 졸업하고 대학에 진학하거나 사회에 진출해도 여전히 혼란과 갈등 가운데 있는 경우가 많습니다. 중고등학교의 시기처럼 누군가에게 기대고 하소연도 하고 싶지만 마땅한 곳이 없습니다.

사회에서 청년이고 어른이라고 규정하기 때문입니다.

현대사회는 점점 세분화되고 있습니다. 그렇기에 청년이라고 규정하는 넓은 의미도 필요하지만 공감대를 형성할 수 있는 세대별 규정도 필요합니다.

그런 의미에서 그들도 경쟁을 떠나 머물 곳과 기댈 수 있는 언덕이 필요합니다.

어른이 되기에는 아직 시간이 필요하기 때문입니다.

우리의 시선은 이제 청년인 그들에게로 향하고 있습니다.

그들을 위한 진짜 공간이 필요합니다.

가르치고 규정하려는 것이 아닌 이전과 같이 함께 고민하며 공감해 줄 사람이 필요합니다.

청소년공간을 시작할 때처럼 "다시 시작할 수 있을까?" 하는 두려움과 막연함이 있습니다.

그러나 처음은 맨몸에 돈키호테 같은 시작이었다면 지금은 함께할 수 있는 동지들이 있습니다.

함께하는 동료들!

우리와 뜻을 같이하는 지역사회의 많은 분들!

이런 분들이 있어 다시 꿈을 꿉니다.

청소년공간을 시작할 때 휴카페라는 문이 열리고

지원이 중단되었을 때 지역사회라는 문이 열리고

공간을 이전해야 할 그때에 지원사업이라는 문이 열렸듯이

언제가 될지 모르지만 적당하고 꼭 필요한 시기에 시작할 수 있는 문이 열릴 것이라 확신합니다.

우리 청소년들과 청년들이 건강한 공동체 서로를 존중하는 사회를 만들어 가는 주역으로 멋지게 성장하길 소망합니다.

아무것도 하지 않아도 되지만
무엇이든 할 수 있는 청소년공간이야기

11장
········

청카 쌤들의 이야기

○ 있는 그대로 빛나는 너희를 기다려!

송은혜(미셸)

청소년공간에 근무하면서 많은 청소년들을 만납니다.

문을 열고 들어올 때 어색한 표정으로 들어오는 처음 만나는 청소년들부터 정말 오래간만에 만나면서 자신의 이름이 무엇인지 기억해 내길 바라는 청소년들 그리고 매일 만나는 청소년들까지 정말 많은 청소년들을 만납니다.

같은 청소년이라도 그날그날의 기분, 상황에 따라 각각의 소통방식으로 만나게 됩니다. 이렇게 청소년들을 만나면서 청소년들은 누구 하나 같지 않고, 각자만의 모습을 가지고 있다는 것을 보게 됩니다.

각자의 모습으로 공간에서의 시간을 보내는 청소년들을 보면 신기하기도 하고, 기특하기도 합니다. 처음엔 공간 안에서의 규칙을 지키는 것을 어려워하다가도 친구에게 규칙을 안내하고 함께 규칙을 지킵니다. 처음 보는 친구더라도 도움이 필요한 친구가 보이면 돕기도 합니다. 이런 것들을 해 보고 싶다고 제안합니다. (투정 섞인 요청일 때도 있습니다.) 이렇게 공간을 이용하면서 자신의 새로운 모습을 발견하기도 하고, 자신의 목소리를 내보기도 합니다. 이런 모습들을 발견하면서 "지금에 한정 짓지 말자"고 늘 마음먹게 됩니다. 충분히 시간을 가지고 넓은 시야를 가지자고 다짐하게 됩니다.

그렇기에 청소년공간이라면 억지로 힘을 내지 않아도 되고, 울고 싶으면 울고, 놀고 싶으면 놀 수 있는, 아무것도 하지 않아도 되는 공간이어야 한다는 점에 매우 동의가 되었습니다. 바쁜 일상을 살아가는 청소년들에게 그냥 '나'로 있을 수 있는 공간, 그리고 나를 돌아봄으로써 더 나아가 새로운 도전을 꿈꿀 때 그 도전을 응원해 주는 청소년공간이 될 수 있도록 그 안에서 함께하고 싶은 마음입니다.

청소년지도자로서 늘 좋은 컨디션으로 청소년들을 만날 수 있다면 너무 좋겠지만 그렇지 못한 날들도 있었겠지요? 그래도 청소년공간에는 언제나 청소년 여러분들의 이야기를 기다리는 사람들이 있습니다. 언제든지 쉬어 가고, 충전하고, 다시 일어날 수 있도록 응원하는 사람들이 있다는 것을 기억하면 좋겠습니다.

우린 청소년공간에서 만나요~

○ 소란한 자유, 존재하는 우리

김이나(나나)

　청소년공간, 1318상상발전소에서 일하며 나는 알게 되었습니다. 이곳은 단순히 '청소년을 위한 공간'이 아니라, 진짜로 '청소년에 의한 공간'이라는 것을요. 이곳에서 이뤄지는 모든 활동은 '선생님의 계획'에서 시작되지 않습니다. 출발점은 청소년들의 '바람'에 있습니다. 무엇을 하고 싶은지, 어떤 분위기에서 누구와 함께하고 싶은지, 그들의 바람이 프로그램을 이끌고 방향을 정합니다. 그래서 참여를 끌어내기 위해 무언가를 애써 유도하지 않아도 됩니다.

　자발성은, 스스로 주인이 되는 공간에서 자연스럽게 피어납니다. 물론 이 과정은 언제나 예측 불가능합니다. 계획은 수차례 수정되기 일쑤고, 시작 직전까지도 갑작스러운 변화가 생기곤 합니다. 실무자의 입장에서 보면 분명 번거롭고 귀찮은 일일 수 있습니다. 하지만 그런 혼란 속에 오히려 청소년의 진짜 '자율성'과 '주체성'이 살아 숨 쉰다는 것을 시간이 지날수록 더 깊이 느끼게 됩니다. 어른이 정한 완벽한 틀보다는, 조금은 어설프고 느릴지라도 청소년들이 직접 만들어 가는 그 순간들이 훨씬 생동감 있고, 의미 있게 다가옵니다.

　이런 경험들이 반복되면서, 저는 '실무자'라는 역할을 넘어 '어른'이라는 이름을 다시 배우게 되었습니다. 가르치고 이끄는 존재가 아니라, 곁에 서서 기다려 주고, 함께 걸어 주는 존재.

　청소년들의 시선, 언어, 방식에 귀 기울이면서 나 또한 점점 유연해지

212

고, 배워 가는 존재가 되었습니다. 무엇보다 이 공간에 계속 머물 수 있었던 가장 큰 동기는 청소년들과 함께 '시간'을 나눌 수 있다는 점입니다.

한 아이가 중학생이 되어 처음 문을 열고 들어와 고등학교를 졸업하고 성인이 되기까지, 그 긴 여정을 곁에서 지켜볼 수 있다는 것. 그건 단순한 일이 아닙니다. 하루에도 수십 명의 청소년들이 제 이름을 불러 줄 때, 비로소 제가 '존재하고 있다'는 걸 느낍니다. 이곳은 그렇게 관계와 삶을 나누는 공간, 함께 살아가는 공동체입니다.

청소년들은 이곳에서 학교나 가정과는 다른 방식으로 머뭅니다. 자신의 속도대로, 방식대로 쉬기도 하고, 웃기도 하고, 도전하기도 합니다.

그리고 나는 그 곁에서 조용히 말합니다.
"괜찮아. 너는 혼자가 아니야."

청소년 여러분들, 절대 혼자가 아닙니다.
앞으로 세상은 여러분에게 많은 것을 요구할 거예요. 하기 싫은 일을 해야 할 때도 있을 거고, 하고 싶은 일을 하지 못하는 날도 있을 거예요. 그럴 때마다 혼자라고 느껴질지도 모릅니다.
하지만 꼭 기억해 주길 바랍니다.
그 모든 순간에
여러분의 마음이 다치지 않기를,
여러분이 여러분답게 자라나기를,
진심으로 바라고 있는 사람이 있다는 것을.

○ 쉼과 성장이 공존하는 곳, 청소년공간의 특별함

김현숙(앤)

청소년과의 인연은 늦은 나이에 대학에 편입하여 교육학을 전공하고 졸업을 앞둔 2012년으로 거슬러 올라갑니다. 청소년상담복지센터 소속으로 학교폭력예방 강사, 두드림 진로강사, 학교밖청소년 상담, 경기도교육청 학습상담사, 지역아동센터 교육담당교사 등을 하며 많은 아동·청소년을 만나 왔습니다. 지금은 청소년 커뮤니티 공간에서 주말 교사로 일하고 있습니다.

청소년 커뮤니티 공간의 특별함

그동안 주로 학교, 지역아동센터, 상담센터에서 청소년들을 만나온 저에게 이번 청소년 커뮤니티 공간에서의 시간은 좀 더 특별한 의미가 있습니다. **바로 공간의 이용 주체가 청소년 자신이라는 점입니다.**

이전에는 학교에서 매칭되거나, 부모가 지역아동센터에 보내거나, 보호관찰소에서 의뢰되는 등 그 주체가 청소년들이 아니었습니다. 하지만 청소년 커뮤니티 공간에 오는 청소년들은 주로 친구 소개로 공간을 방문하며, 이런 공간이 있다는 사실을 부모님은 모르는 예도 있습니다.

자신이 주체가 되어 공간을 방문하기 때문에, 나름의 제약과 지켜야 할 규칙이 있어도 청소년들은 그런 불편을 기꺼이 감수합니다.

신뢰 관계의 형성과 성장

처음엔 단순히 쉬는 공간, 친구와 노는 공간으로 여기며 편히 놀다 갑

아무것도 하지 않아도 되지만
무엇이든 할 수 있는 청소년공간이야기

니다. 그러다 시간이 흐르면서 청소년들과 교사 사이에 신뢰가 쌓이게 됩니다. 이는 저절로 되지 않으며, 늘 지켜보고 관찰하는 마음이 있기에 가능합니다.

동아리에 관심을 두기도 하고 청소년운영위원회가 무엇인지 기웃거리기도 합니다. 그동안 학교, 학원, 집, 게임, 친구라는 영역이 다였다면, 이제는 자신의 시간과 노력을 흔쾌히 내어 줄 봉사와 나눔에도 관심을 갖게됩니다. 그러면서 청소년들은 성장합니다.

> "나는 내 인생을 내가 선택하고 싶었다.
> 누군가의 기대에 맞추며 살아온 시간이 너무 길었으니까."
>
> — 김초엽,
> 『우리가 빛의 속도로 갈 수 없다면』「관내분실」中

자신의 한계도 겪어 보고, 때론 한계를 극복해 보며 청소년은 성장해 나갑니다. 저는 청소년 커뮤니티 공간에서 일하며 이런 사례를 많이 보았습니다.

기다림의 중요성

변화를 바란다면 그들에게 시간을 주어야 합니다. 그리고 기다려 주어야 합니다. 많은 부모님이 청소년들의 학업 관련 어려움을 호소하지만, 학업도 마찬가지입니다. 해낼 수 있는 시간을 주고 기다려 주어야 합니다. 비록 결과가 어른인 우리가 보기에 보잘것없고 실망스럽다고 해도 말입니다.

제가 청소년을 만나기 시작한 2012년과 2025년은 모든 것이 달라졌습니다. **부모나 선생님 세대의 잣대로 지금 2025년의 청소년을 재단하는 실수를 범하지 말아야 합니다.**

청소년과의 소통

저는 공간에 오는 청소년들에게 먼저 질문을 던집니다.

"너 뭐 하고 싶어?" "뭐 할 때 행복해?"

이 질문이 선행되어야 청소년들과 대화를 이어 갈 수 있습니다.

청소년공간 교사는 민감성이 높아야 합니다. 청소년들이 보내는 작은 신호도 놓치지 말아야 하기 때문입니다. 그러면서 있는 그대로의 모습을 인정해 줍니다.

현실적 어려움과 공간의 역할

청소년들은 사실 불안합니다. 각종 SNS에서는 외모지상주의가 판을 치며, 다이아몬드수저니 흙수저니 하며 태생에 순위를 매깁니다. SNS상에서는 모두가 행복해 보이고 멋지기만 합니다.

청소년 커뮤니티 공간이 상담센터의 역할을 완벽하게 소화하기엔 무리가 있지만, 공간에 와서 쉬기도 하고 봉사도 하고 선생님들께 고민도 털어놓으며 조금은 숨 쉴 여지가 생겨나니, 자주 방문하고 싶은 공간으로 자리매김하고 있습니다.

청소년들에게 전하는 메시지

공간에 방문하는 청소년들에게 말하고 싶습니다.

아무것도 하지 않아도 되지만
무엇이든 할 수 있는 청소년공간이야기

"삶에서 중요한 것은 얼마나 빨리 가는가가 아니라,

어떤 방향으로 가고 있는가이다."

— 피에르 쌍소,

『느리게 산다는 것의 의미』

ㅇ ㅇㅅㅇ 표정으로 시작된 이야기

홍찬비(레인)

선생님이 처음 이 청소년공간에 왔을 때, 너희들의 표정이 아직도 선명하게 기억나.

그중에서도 가장 또렷하게 남아 있는 건 "ㅇㅅㅇ"인 표정이었어.

어딘가 당황스럽고, 얼떨떨하고, 낯설고, 조심스러운 그 모습. 그 표정.

새로운 선생님 앞에서 어떻게 반응해야 할지 몰라 잠시 얼어 있던 너희 얼굴이, 선생님 마음에 오래도록 남았어.

그때 표정과 모습이 워낙 강하게 기억 남아서, 외부 강의를 나갔을 때 그 표정을 강의 제목으로 삼은 적도 있었단다. 웃기지? 제목을 무엇으로 했냐면?

바로 「ㅇㅅㅇ - 안함으로, 삶으로, 앎으로」라는 제목이었어!

그 표정을 보며 문득 이런 생각이 들었거든.

단순히 아무것도 하지 않겠다는 표정이 아니고,

오히려 지금은 무언가를 함부로 하지 않겠다는 신중함,

내가 진짜 원하는 것이 무엇인지 찾기 전까지 섣불리 움직이지 않겠다는 마음이 담긴 표정처럼 느껴졌어.

그래서 선생님은 너희에게 말해 주고 싶었어.

청소년 시기에 '무언가를 안 하는 시기'가 찾아오는 건 결코 두려워할 일이 아니라고.

잠시 멈춰 있는 것처럼 보여도 괜찮아.

아무것도 하지 않아도 되지만
무엇이든 할 수 있는 청소년공간이야기

그 '안 함'은 포기가 아니고, 실패도 아니야.

오히려 그건 너희가 진짜 '삶'을 시작하는 과정일 수 있어.

누가 만들어 놓은 길이 아니라, 너희의 길이라는 걸, 그 길에 너희들의 걸음 속도로 나아가는 첫걸음이 될 수 있다 생각해.

지금 너희가 지어 보였던 "ㅇㅅㅇ" 표정은 선생님에게 참 소중해.

그 표정을 통해 너희의 생각과 질문, 그리고 가능성을 느꼈거든.

그리고 언젠가 그 표정이 너희만의 '삶'으로,

또 그 삶이 너희만의 '앎'으로 이어지기를 마음 깊이 응원하고 있어.

애들아, 꼭 기억해 줘.

우리 1318상상발전소 선생님들은 언제나 너희를 응원하고 있어.

언제 어디서든 힘들 때는 떠올릴 수 있고,

행복할 때도 함께 떠오를 수 있는 그런 선생님들이 되고 싶거든.

그러니 세상 앞에서 기죽지 말고, 너희만의 삶과 행복을 스스로 그려 나가는 당당한 청소년이 되길 바라.

사랑한다. 애들아.

○ 꺼지지 않는 작은 촛불을 꿈꾸며

영원한 청소년을 꿈꾸는

박상용(피터), 김구연(잼마)

1318상상발전소! '청카'는 지하입니다.

지하에 앉아 있으면 비가 오는지 눈이 오는지 알 수 없습니다.

그런데 홀에 앉아 한쪽 위를 보면 바깥을 볼 수 있는 아주 작은 창이 보입니다.

희미하지만 그 창을 자세히 보면 해가 지고 비가 오고 눈이 오는 것을 볼 수 있습니다.

우리는 우스갯소리로 '세상을 볼 수 있는 창'이라고 말합니다.

그 작은 창을 통해 우리는 바깥세상을 볼 수 있기 때문입니다.

예전에 어느 청소년이 한 말이 기억납니다.

"선생님! 1318상상발전소는 내 마음에 새로 생긴 작은 창인 것 같아요."

1318상상발전소는 청소년들과 소통하는 작은 창이 되고 싶습니다.

우리는 청소년들에게 어떤 거대담론을 던지려는 것은 아닙니다.

그저 보통 청소년들의 평범한 삶과 평범이라는 소중한 가치를 지키며 함께하기 위해 애쓰는 그런 곳입니다.

1318상상발전소는 매일같이 다이내믹하고 그럴듯한 일이 일어나는 곳이 아닙니다.

아무것도 하지 않아도 되지만
무엇이든 할 수 있는 청소년공간이야기

'경쟁'과 '성공'이라는 압박에서 벗어나 숨 쉬며 회복하는 공간입니다.

이 책을 쓰고 있는 시점에 부산에서 스스로 자신의 삶을 마감한 3명의 여고생 이야기가 보도되었습니다. 또한 '찢거나 찢기거나, 내 인생의 봄은 끝났다'라는 괴현수막이 내걸린 학원에서 생을 마감한 학생의 이야기도 보도되고 있습니다.

이 무슨 슬프고 안타까운 일입니까?

어른들이 꽃다운 청소년들에게 도대체 무슨 짓을 하고 있는 것인지 너무나 안타깝고 참담한 심정입니다.

지치고 힘들 땐 내게 기대 언제나 네 곁에 서 있을게
혼자라는 생각이 들지 않게 내가 너의 손잡아 줄게
작은 촛불 하나 켜 보면 달라지는 게 너무나도 많아
불을 밝히니 촛불이 두 개가 되고
그 불빛으로 다른 초를 또 찾고
세 개가 되고 네 개가 되고 어둠은 사라져 가고

제가 좋아하는 GOD의 「촛불 하나」라는 노래 가사 일부분입니다.

들을 때마다 감동입니다.

특히 '혼자라는 생각이 들지 않게 손잡아 준다'는 부분과 '작은 촛불 하나 켜 보면 달라지는 게 너무나 많다'라는 가사가 마음에 와닿습니다.

지금도 사회는 청소년들에게 정해진 행동과 일방향적인 선택을 강요하고 있습니다.

최고가 아니면 낙오되어 루저의 삶을 살게 된다고 위협하고 있습니다.

그런데 그것이 정답과 진리가 아니기에 어른들이 생각하고 바라는 방식이 아닌

청소년들이 생각하고 바라는 방식으로 무엇이든 할 수 있는 장을 만들어 내어 주고 싶었습니다.

아무것도 하지 않을 선택의 권리를 청소년들에게 주고 싶었습니다.

이렇게 하면 조금이나마 변화가 있을 것이라는 소망도 있었습니다.

그러나 여전히 현실은 참담하고 정답은 모르겠습니다.

그런데 한 가지 분명한 것은 청소년들에게 경쟁과 1등주의를 강조하지 않고 함께하는 기쁨을 알 수 있도록 했더니 청소년들이 행복해졌다는 것입니다.

청소년들에게 공간과 선택의 권리를 내어 주고 아무것도 하지 않아도 된다고 말했더니 청소년들은 오히려 도전하고 성취하려는 열정이 넘치고 있다는 것입니다.

한 사람이 소중하다는 기본원칙으로 존중했더니 개인의 마음회복을 넘어 다양한 방식으로 자신을 발견하고 다른 사람과 마음을 나누기 시작했습니다.

청소년공간은 작고 미약합니다.

그래서 때로는 이 작고 미약한 곳이 무엇을 할 수 있을까 막막하기도 하고

청소년공간의 존재가치에 의심을 품을 때도 있습니다.

그러나 시간을 지내 오며 느낀 확신은 공간이 작다고 가치가 작은 것은 아니라는 것과

변함없이 청소년들의 곁에서 함께한다면 느리지만 변화는 멈추지 않을 것이며

회복과 성장이라는 희망은 계속된다는 것입니다.

그래서 작은 청소년공간에서 부대끼며 손잡아 주기를 멈추지 않고 작은 촛불이 꺼지지 않도록 몸부림치려고 합니다.

기쁨과 소망을 안고

"청소년들이 스스로 선택하고 결정할 수 있도록 하자!"라는 단 하나의 방향성!만 가지고 지금까지 왔습니다.

그렇게 1318상상발전소도 청소년들도 성장하고 있습니다.

억지로 무엇인가를 만들려고 애쓰지 않아도 그 과정을 통해 선한 길로 갈 수 있을 것이라는 믿음이 있습니다.

1318상상발전소는 지금까지 지켜 온 12년을 넘어

앞으로의 10년을 바라보며

끊임없이 청소년들에게 곁을 내어 주기 위해 노력하겠습니다.

작은 촛불이 꺼지지 않도록 버티겠습니다.

부록

1장
......
1318상상발전소 연혁

2005. 8. 7.   1318상상발전소 설립(임의단체)

2005. 8.~   오하나청소년 쉼터, 포도나무지역아동센터, 정심여자정보
산업학교(안양소년원) 등 청소년들을 위한 음악지도 활동

2013. 6. 17.   1318상상발전소 비영리 민간단체 등록

2013. 9.   서울시청소년 휴카페 '상상발전소' 사업 시작(3년 일몰제)

2014. 4. 23.   중랑경찰서 청소년활동 및 보호를 위한 업무협약

2016. 7. 27.   중랑청소년문화발전위원회 청소년활동을 위한 업무협약

2016. 12.~   학교밖청소년 징검다리 거점공간 사업 시작

2017. 3. 17.   태릉중학교 업무협약

2017. 5. 15.   장안중학교 업무협약

2017. 6. 1.   중랑청소년 관련기관 7개 지역기관 네트워크 업무 협약

2018. 8. 1.   1318상상발전소 공간이전

2018. 9. 5.   서울시 마을공동체공간상 수상
(1318상상발전소/청소년공간)

2018. 10. 17.   상봉중학교 업무협약

아무것도 하지 않아도 되지만
무엇이든 할 수 있는 청소년공간이야기

2019. 6. 1.   중랑청소년 관련기관 14개 지역기관 네트워크 업무 협약

2019. 7. 31.   중랑구 청소년 자율문화공간 사업 선정

2019. 12. 31. 2019년 동부교육발전 교육복지우선지원사업 유공 교육자 표창

2020. 4. 1.   서울형대안교육기관 '내일더하기'시작

2021. 1. 1.   중랑구 청소년 커뮤니티공간 지원 사업

2021. 3. 4.   1318상상발전소 사단법인 설립

2021. 5. 1.   중랑구 청소년커뮤니티공간 딩가동2번지 위탁운영 시작

2021. 7. 2.   중랑청소년 관련기관 추가 7개 지역기관 네트워크 업무 협약

2022. 10. 26. 면목본동, 면목본동주민자치회 업무협약

2022. 12. 21. 중랑청소년 관련기관 24개 지역기관 네트워크 업무 협약

2023. 2. 15.   서울시교육청 대안교육기관 등록 '내일더하기'

2023. 4. 1.   중랑구청소년커뮤니티공간 딩가동4번지 위탁운영시작

2023. 5. 25.   성동구학교밖청소년지원센터 업무협약

2023. 6. 20.   면목2동, 면목2동주민자치회 업무협약

2024. 11. 30. 제10회 청소년축제 '상상날개를 펴다'

2025. 2. 25.   중랑구어린이청소년네트워크 다자간 협약 28개기관

2025. 3. 14.   구립영등포청소년문화의집 업무협약

2025. 7. 7.   중랑구청장 표창장 수상

2장
·······
청소년공간을 만들기 위한 제언

○ 공간 철학과 운영 원칙

첫 번째, 동일한 운영 기준과 판단 그리고 적용의 일관성입니다.

그리고 운영기준은 최소한으로 그리고 이해하기 쉽도록 간단하게 만들어야 합니다.

1318상상발전소의 경우 공간이용을 위해 기본적이고도 단순한 3가지 원칙을 정했습니다.

첫 번째, 오고 가며 선생님들과 인사하기

두 번째, 본인이 사용한 물건은 본인이 정리하기

세 번째, 비속어 사용하지 않기

이상 3가지입니다.

자신이 다른 사람보다 부당한 대우를 받았다고 느낄 때 사람들은 분노하고 화를 냅니다. 그것이 크고 작고는 그렇게 문제 되지 않습니다. 어느 누구나 자신도 다른 사람들과 똑같이 혹은 특별한 대우를 받고 싶어 합니다.

청소년들도 예외는 아닙니다. 자신이 다른 친구보다 부당한 대우를 받았다고 느낄 때는 반항하고 전투적으로 변하게 됩니다.

그렇기 때문에 청소년공간을 운영할 때는 그 원칙과 기준을 명확히 하고 모든 활동가들은 그 기준에 따라 판단하고 행동해야 합니다.

다른 곳에서 청소년공간을 운영하는 활동가분이 우리 공간을 방문한 적이 있었습니다. 공간을 둘러보고 이런저런 이야기를 나누다 한 친구를 보고 깜짝 놀라고 조용한 소리로 "OOO 괜찮아요?"라고 물었습니다. 우리는 "왜요? 잘 지내고 있어요. 아주 착한 아이 같은데요?"라고 대답했는데 그 활동가는 놀라면서 OOO 청소년이 자신들이 운영하는 공간에 자주 왔었고 올 때마다 문제를 일으키며 친구들과 다툼이 있어서 힘들었다고 말을 했습니다. 한번은 공간 내에 비치되어 있는 소화기를 들고 싸우는 바람에 엄청 놀란 적도 있었다고 합니다. 이후 방문이 뜸했는데 여기서 보게 되었다고….

사실 우리는 그 친구에 대해 크게 문제를 느끼지 않고 있었습니다. 우리 공간을 방문하며 한 번도 문제를 일으킨 적도 없었고 친구들과도 잘 지내고 있었기 때문입니다. 소위 비속어조차도 사용하지 않고 이용 기준을 잘 지키고 있었습니다.

저는 그 친구가 타 공간에서 불협화음을 일으켰던 이유를 예측할 수 있었습니다. (그 이유도 활동가분께 이야기해 주었습니다.)

방문한 활동가분이 있던 공간은 상근활동가가 없었습니다. 지역에서 뜻을 같이하는 주민, 활동가분들이 각자 시간을 맡아서 공간을 운영하는 형태였습니다. 4시간을 기본으로 하지만 때로는 2시간 내지 3시간씩 나누어 활동스케줄을 짜서 공간을 운영하고 있었던 것이죠.

지역에서 청소년들을 위해 이런 방식을 만들어 봉사하는 것은 너무나 긍정적인 일이라고 생각하지만 우리는 그 공간이 생길 때부터 이러한 운영방식에 염려를 전달했습니다. 활동가들이 자원봉사로 담당해 주시는 것은 너무나 좋은 일이지만 상주하며 전체를 총괄하는 메인 활동가가 꼭 필요하기 때문입니다.

청소년공간의 필요성을 느끼는 분들과 봉사하는 활동가분들의 마음이 청소년과 함께하고자 하는 순수하고 소중하다는 것은 믿고 확신하지만 사람의 생각과 행동방식, 판단의 기준이 모두 다르기 때문에 어려움이 발생할 수 있습니다.

당연히 활동 전에 운영에 대한 부분과 방향성을 함께 공유하며 공감했을 것입니다. 그럼에도 불구하고 그것에 대한 행동은 동일하게 표출되지 않았을 것입니다.

더 쉽게 말하면 활동가에 따라 같은 사안을 다르게 판단하는 경우가 생길 수 있다는 말입니다. (더욱이 나중에 활동가로 새로 합류하는 분이 생길 경우 더욱 그럴 수 있습니다.)

이렇게 같은 사안에 대해 다른 판단을 하는 경우가 생겨나면 그 당사자가 되는 청소년은 자신이 부당한 대우를 받았다고 생각하며 불만을 갖게 되고 행동기준에 혼란을 겪게 됩니다. 또한 그것을 지켜보는 다른 청소년들도 기준점이 모호해지게 됩니다.

이런 상황이 반복되면 활동가의 통제에 따르지 않거나 공간이 가진 기준에 동의하지 않게 됩니다. 운영의 기준이 오락가락하기 때문입니다. 이것은 매우 큰 문제입니다.

우리 공간에도 새로 부임하는 청소년지도자 선생님이나 운영을 지원하기 위한 자원봉사자분이 오실 때 비슷한 문제가 발생하곤 하는데 사전 교육 및 안내를 함에도 불구하고 어려움을 겪는 경우가 있습니다. 그때는 기존에 있던 우리를 비롯한 청소년지도자들이 즉시 개입을 합니다. 공간의 활동 기준을 말해 주고 그 기준에 맞춰 다시 판단을 내려 분쟁의 소지가 없게 만듭니다.

1318상상발전소도 여러 유형의 청소년들이 모여서 활동하다 보니 당연히 크고 작은 문제가 발생하지만 누구에게나 동일하고도 명확한 기준을 제시하고 적용함으로 청소년들이 받아들이기 어렵거나 그로 인해 발생하는 불미스러운 상황은 일어나지 않았습니다.

지금 우리 공간에는 어떤 알 수 없는 분위기와 기준이 방문하는 청소년들에게 전달되는 것 같습니다. 조금 거친 듯한 청소년이 방문해도 자연스럽게 모두가 함께하는 공간이용 기준을 지키며 지내고 있습니다.

이러한 원칙을 통해 청소년들은 사회를 배우고 타인을 배려하는 자세를 배우게 됩니다. 청소년활동공간은 작은 사회입니다. 다만 이곳은 어른들의 기준이 아닌 청소년 중심의 사회인 것입니다. 이곳에서 청소년들은 서로 어우러져 살아가는 방법을 배우며 협의, 조정하여 가장 좋은 결과를 만들어 내는 과정을 배울 것입니다. 책상과 학교에서 진행하기 어려운 현실교육이 진행되는 곳입니다.

운영의 기준과 적용이 일관성이 있고 동일해야 한다는 것은 이처럼 중요한 일입니다. 하물며 우리는 특정한 한 명에게 과도한 애정을 쏟는 것도 조심스러워하는 편입니다. 누구에게도 차별받는다는 느낌을 주지 않기 위해서입니다.

그래서 공간을 운영하는 가장 중요한 첫 번째 원칙은 동일한 운영 기준과 판단 그리고 적용의 일관성입니다.

두 번째, 편의와 성과주의의 유혹에서 벗어나야 합니다.

앞서 청소년으로부터 시작되는 계획과 운영 이야기를 했습니다. 그리고 졸업한 청소년들의 입에서 나오는 말들, 즉 '상상하던 일이 실현되고 도전할 수 있는 기회를 통해 성장할 수 있었다'는 그 말들을 귀담아 들어야 합니다.

과정은 결과에 나타나지 않습니다. 결과주의와 성과주의는 모든 것을 수치로만 보게 됩니다.

"너희가 하는 게 뭐가 다르지? 결국 프로그램을 운영하고, 활동하는 거잖아? 활동의 결과는 같잖아?"라고 말하시는 분들도 있습니다.

그런데 저희는 "활동의 결과는 비슷해 보일지 몰라도 시작과 과정은 완전히 다르다"고 자신 있게 말할 수 있습니다.

예를 들어 청소년 캠프를 운영한다면 '어디로 몇 명이 며칠 동안 캠프를 다녀왔다'라는 결과는 비슷해 보일 수 있지만 이미 짜여진 일정에 참여하여 다녀온 캠프와 '청소년이 직접 기획하고 운영하여 다녀온 캠프'는 전혀 다른 캠프 활동입니다. 전자는 수동적으로 '참여'하여 다녀온 것이고 후자는 능동적으로 캠프를 만들어 '운영'한 것입니다. 결과는 비슷해 보이지만 전혀 다르다고 말하는 이유가 여기 있습니다.

만약 기관의 모든 활동을 후자와 같은 방식으로 한다고 생각해 보십시오. 그것을 위해 필요한 시간과 에너지는 상상하기 어려운 정도입니다. 일의 편의를 생각하고 단순히 성과만을 생각한다면 굳이 그럴 필요가 없습니다.

그러나 단순한 일의 편의나 결과가 아닌 청소년들의 성장과 변화를 목표로 한다면 후자의 방식이 가장 좋습니다.

청소년공간은 청소년센터나 문화의 집에 비해 상대적으로 소규모입니다. 소규모라는 것이 단점이 될 수도 있지만 상대적으로 유연하게 움직일 수 있다는 장점이 있습니다. 기존 기관의 모습을 따라가는 것이 아니라 이러한 장점을 십분 활용하여 그 공간만의 '고유한 방식'과 '프로세스'를 만들어 가야 합니다.

단, 여기서 문제가 되는 것은 행정입니다.

많은 기관들이 보조금 또는 외부지원금을 받고 있기에 그곳에서 실시하는 평가를 무시할 수 없는 상황입니다. 여기서 갈등이 발생하게 되는 것이죠.

청소년공간을 비리보는 기준이나 지표가 개신되는 것이 가장 좋겠시만 그렇지 못한 상황에서는 방법은 번거롭지만 청소년지도자들이 여러 번 일하는 것입니다. 불합리하지만 청소년들의 성장과 변화를 목표로 한다면 그것이 답입니다.

청소년공간은 이러한 성공과 결과라는 유혹에서 벗어나 다양한 실패와 성공을 경험할 수 있도록 허용하는 공간이어야 합니다.

청소년들은 보고 느끼고 경험하는 만큼 성장합니다. 그렇기에 청소년 공간을 비롯한 여러 곳에서 할 수 있는 모든 것을 최대로 다양하게 경험해야 합니다.

아직 많은 것을 경험하지 못하고 알지 못하는 친구들에게 맹목적으로 공부만이 유일한 길이라 말하고 대학진학만을 강조하는 것은 청소년들의 성장을 가로막는 요인입니다.

많은 것을 경험하고 시도해야 하며 청소년들은 그 과정에서 성장하며 자신의 길을 찾아갈 것입니다.

청소년들이 뭔가 시도해 볼 기회조차 부여받지 못하고 현실에 매몰되게 만들어서는 안 됩니다. 성공과 실패에 상관없이 관심과 열정이 있는 어떤 것에 도전할 수 있는 기회를 가질 수 있어야 합니다. 후회 없이 도전한 후의 포기는 아쉬움이 없을 것이며 아쉬움이 없어야 다른 것에도 두려움 없이 도전할 수 있습니다.

이런 의미에서 청소년공간은 가능성의 공간이어야 합니다.

모죽(毛竹)은 씨를 뿌려도 5년간 싹이 돋아나지 않는다고 합니다. 그러다가 5년이 지나면 어느 날부터 최대 30미터까지 크게 자라난다고 합니다.[2]

청소년공간은 순간적으로 보이는 청소년들의 변화와 성장을 기대하는 곳이 아니라 꾸준히 뿌리내리고 자리 잡아 든든히 성장할 수 있도록 지지해 주는 공간이어야 합니다.

---

2) 박성혁, 이토록 공부가 재미있어지는 순간(서울: 다산북스, 2020), p.74.

> 다양한 경험을 할 수 있게 해 줬고, 꿈만 꿔 왔던 것들을 실제로 해 볼 수 있는 기회를 주었습니다. 덕분에 상상에서만 그치지 않고 실천할 수 있는 성인이 되었습니다.
>
> ○○○ 청소년

실제로 1318상상발전소의 청소년공간에서 활동을 함께한 청소년들은 다양한 활동을 경험하고 기회를 부여받아 도전하고 자신의 진로를 정하여 일반대학 진학, 음악 등 예술전공, 전문직 취업 등 다양한 방향으로 진출하고 있습니다.

지금 청소년들이 선택한 것이 그들에게 맞는 것이라 확신할 수는 없습니다. 그러나 비록 실패를 겪더라도 이러한 다양한 경험을 통해 선택하였기에 다시 시작할 수 있는 기반과 용기를 줄 수 있는 소중한 자산이 될 것입니다.

세 번째, 청소년들을 편견 없이 바라보며 지지해 주어야 합니다.

매우 당연한 명제이지만 청소년공간에서 청소년들에 대한 편견 없는 존중과 지지는 가장 중요한 가치입니다. 그런데 이런 당연한 것이 그렇게 당연하게 지켜지지 않는 것도 사실입니다. 왜냐하면 우리는 감정을 가진 사람이기 때문입니다. 감정이 있다는 것은 상대방에 대한 호불호를 가질 수밖에 없다는 말입니다. 우리에게 호의적이고 공간의 활동에 적극적으로 참여하는 청소년에 대해서는 호감을 느낄 수밖에 없습니다.

그러나 우리는 '열 손가락 깨물어 안 아픈 손가락이 없다'라는 속담을 기억하고 새겨야 합니다. 부모에게 10명의 자식이 있다면 잘난 자식, 못난 자식이 있기 마련이지만 잘나고 못난 것 상관없이 모든 자식이 예쁘고 소중하다는 의미입니다.

우리도 그런 부모의 마음과 같은 마음과 시선으로 청소년들을 바라보아야 합니다.

앞서 이야기했지만 1318상상발전소에서는 어느 누구도 차별받거나 특별대우를 받지 않습니다. 소위 말하는 '아싸'도 '인싸'도 우리에게는 같은 청소년이며 모두가 소중합니다.

청소년들은 외모나 학업, 기타 여러 이유에 상관없이 그 자체로 주목받고 존중받아야 할 가치가 있는 존재입니다.

'흰고래 무리에 있는 외뿔고래와 같이[3] 삶이 이상하고 별나게 보이는' 청소년도 아무런 색깔이 없는 평범한 청소년도 존중받아야 합니다. 왜냐하면 그들은 아직 각자가 특별하고 아름다우며 가능성이 무궁무진하고 존중받을 가치가 있기 때문입니다.

청소년공간은 이런 존중의 기반 아래 어떤 상황에서도 자신을 지지해 주고 믿어 주는 곳이라는 심리적 안정감을 주어야 하며 이것은 혼돈의 시기를 지나는 청소년들에게 회복의 발판이 됩니다.

청소년공간이 모든 것을 해결해 줄 수는 없다고 생각합니다. 그러나 각자의 주어진 환경과 여건에서 청소년들이 경험하고 도전할 수 있는 장(場)을 만들어 주어 제공한다면 그것만으로도 공간의 역할을 충분히 감당하는 것이라 확신합니다.

---

3) ENA 드라마 『이상한 변호사 우영우』 16회 대사 일부 인용.

청소년들에게 '나를 믿고 지지해 주며 함께 고민하는 어른들이 있는 곳'이라는 신뢰를 주는 곳이 되는 것을 지향점으로 삼아 그것을 위해 노력해야 합니다.

'사람이 무너지기 전 지탱해 줄 수 있는 사람의 수는 딱 한 명이면 충분하다[4]'는 말이 있습니다.

청소년활동 공간과 그 안의 청소년지도자들이 '딱 한 사람'이 된다면 청소년들은 어려운 순간의 시기를 잘 넘겨 성장할 수 있습니다.

어쩌면 청소년공간이 어떤 청소년에게는 세상에서 처음으로 나를 지지해 주고 믿어 주고 내 편이 되어 주는 역할을 할 수도 있을 것입니다.

내 편이 있다는 안정감은 청소년이 정서적으로 무리 없이 건강하게 성장할 수 있는 발판이 됩니다. 청소년공간은 그래야 합니다.

---

4) 웹툰 『여중생A』(허5파6 글, 그림)

3장
·······

청소년과 함께 만드는 방법(자치활동)

첫 번째, 청소년이 주인공인 자치적인 공간임을 인정하고 청소년의 입장에서 생각해야 합니다.

당연한 말이지만 청소년공간은 청소년이 주인공이어야 합니다. 그들이 중심이 되고 만들어 가는 공간이어야 합니다. 그렇기 때문에 기본적인 운영의 방향은 청소년들의 의견을 통해 만들어지고 조율되어야 합니다.

청소년들의 입장에서 생각한다는 것은 아무런 원칙 없이 무조건적이고 아무런 질서와 통제가 없는 방임의 상태라는 말이 아니라 앞서 말한 운영원칙 아래 진행되는 것을 의미합니다. 그러나 청소년이 주인공이 될 수 없게 만드는 규제와 환경을 단호히 거부하고 조심해야 합니다.

두 번째, 청소년들이 말할 시간과 기회를 주어야 합니다.

말할 기회와 시간을 주어야 한다는 것은 기다려 주는 것입니다.

회의나 행사가 잘 진행이 되지 않을 때 담당자는 애간장이 탑니다. 이해하지만 청소년들과 함께 만들려고 한다면 뭔가 진행이 잘 안된다고 답답해서 먼저 행동하지 말고 그들이 생각하고 말하고 행동할 수 있도록 기다려 주어야 합니다.

청소년들마다 시간을 다르게 흐릅니다. 생각하고 자신의 생각을 정리하기까지 시간은 같지 않기 때문입니다.

시간을 주고 믿음을 갖고 기다리면 멋진 결과가 나옵니다.

세 번째, 청소년들과 함께 참여해야 합니다.

청소년지도자이기 때문에 제3자의 입장이 되거나 지도자의 입장으로만 바라보는 경우가 종종 있습니다. 그러나 그런 자세와 마음은 지양해야 합니다. 동등한 구성원으로 참여해야 합니다.

무리하게 방법을 제시하고 원하는 방향으로 끌고 가려는 욕심을 내려놓아야 합니다.

다만 함께 참여하지만 앞서 생각해야 하며 손 놓고 있지 말고 항상 준비해야 합니다. 그것은 미리 행동하기 위한 준비가 아니라 청소년들의 생각과 행동의 길이 막혔을 때 돌파구를 제시하기 위함입니다.

네 번째, 미리 제시해야 합니다.

난기석인 행사나 활동은 정소년늘이 즉시 고민해서 처리할 수 있지만 기간이 길고 긴 호흡으로 진행해야 하는 행사, 활동, 프로그램 등은 설사 미리 계획하였다고 하더라도 그에 맞춰 차근차근 준비하기는 쉽지 않습니다.

그러기에 청소년지도자는 일정과 계획에 대해 청소년들이 인지하여 준비할 할 수 있도록 미리 제시해 주어야 하며 그런 과정을 통해 참여 청소년들이 단계별 활동 계획을 수립할 수 있도록 지원해야 합니다.

만약 세워진 일정이 있는데 임박했음에도 진행되지 않는다면 기관 입장에서는 결국 청소년지도자가 진행할 수밖에 없습니다. 그런 불상사를 방지하기 위해서는 미리미리 제시해야 합니다.

다섯 번째, 일과 쉼을 분리해야 합니다.

청소년들은 공간에 일하러 오는 것이 아닙니다. 그런데 어떤 일을 맡은 청소년에게 볼 때마다 그 이야기를 하는 경우가 있습니다. 그렇게 되면 청소년은 공간을 또다시 무엇을 해야 하는 공간이라고 느낄 수밖에 없습니다. 우리가 추구하는 것은 자발적으로 스스로 만들어 가는 것입니다. 그 과정을 청소년지도자가 함께하는 것입니다. 그렇기에 쉼과 일을 확실히 분리하여 청소년들이 즐겁게 프로젝트에 참여할 수 있도록 환경을 만들어야 합니다.

여섯 번째, 시작도 중요하지만 마지막도 중요합니다.

자치활동기구는 보통 1년을 단위로 참여하게 됩니다. 대부분의 청소년들은 1년의 활동을 잘 참여하고 마무리하게 되지만 일부 청소년의 경우 중도 하차하는 경우가 발생하기도 합니다.

그때 중도 하차하는 청소년을 책망해서는 안 됩니다. 우선은 중단의 이유를 듣고 가급적이면 계속 참여할 수 있도록 설득하며 방법을 고민해야 합니다. (중단의 이유가 내부적인 문제라면 그것을 해결해야 합니다.)

그러나 최종적으로 중단이 결정되면 그냥 보내는 것이 아니라 모든 멤버들과 함께 공식적인 마무리를 하고 중단이 아닌 멈춤이라는 형식을 취하는 것이 좋습니다. 중단한 친구가 다시 돌아올 수 있는 여지는 남겨 두기 위해서입니다.

또한 중단에 대해 죄책감을 갖지 않도록 유의해야 하며 자치활동과는 상관없이 언제나 자유롭게 공간을 방문해서 교제할 수 있다는 것을 인지시켜 줘야 합니다. 보통 기관들은 프로그램이 끝나면 교제가 없는 경우가 많습니다. 그러나 청소년공간은 활동과 상관없이 만남과 교제를 나누는 곳입니다.

마지막으로 행사와 사업의 성공을 염두에 두지 마십시오.

어떤 행사든 실패는 없습니다. 왜냐하면 청소년들이 만들어 가는 그 과정 자체가 의미 있고 성공이기 때문입니다.

그렇다고 해서 소홀히 하라는 말은 아닙니다. 청소년들의 준비와 과정이 헛되지 않도록 그 성격에 맞춰 최선을 다해야 합니다. 다만 성공의 기준을 우리가 먼저 세워 놓고 그것을 위해 달려가는 것은 옳지 않습니다. 의미 있는 과정 가운데 의미 있는 결과가 나오고 그 자체가 가장 큰 성공이라는 것을 깊이 새겨야 합니다.

구분	정의	사례
자치	청소년이 스스로 조직을 구성하고 운영하는 것	학교 자치회에서 학생들이 직접 회의를 열어 학교 행사나 규칙을 결정하고 운영하는 경우
자율	청소년이 스스로 규칙을 세우고 지키는 것	자신의 학습 계획을 세우고 실천하거나, 자율적인 동아리 활동을 통해 책임감을 기르는 경우
자발	청소년이 내면의 동기에서 우러나온 행동을 하는 것	자발적으로 봉사활동에 참여하거나, 사회 문제에 관심을 가지고 캠페인을 조직하는 경우

4장
....

소규모 청소년공간의 이해

(사)1318상상발전소 **박상용 대표**

- 들어가는 글
- 소규모 청소년공간의 시작과 현황
- 청소년공간과 기존 청소년활동시설과의 차이
- 청소년공간의 긍정적 효과
- 향후 활성화를 위한 과제
- 나가는 글

○ 들어가는 글

사회는 다변화되고 있고 우리나라의 청소년인구도 줄어들고 있다. 2025년 청소년 통계(여성가족부)를 보면 '25년 청소년(9~24세) 인구는 762만 6천 명으로 총인구의 14.8%이며, '24년 청소년 인구(782만 4천 명, 총인구의 15.1%) 비중 대비 0.3% 감소한 것을 알 수 있다. 통계청에서 예측한 장래 인구 추이를 봐도 청소년 인구의 수는 기하급수적으로 줄어들

아무것도 하지 않아도 되지만
무엇이든 할 수 있는 청소년공간이야기

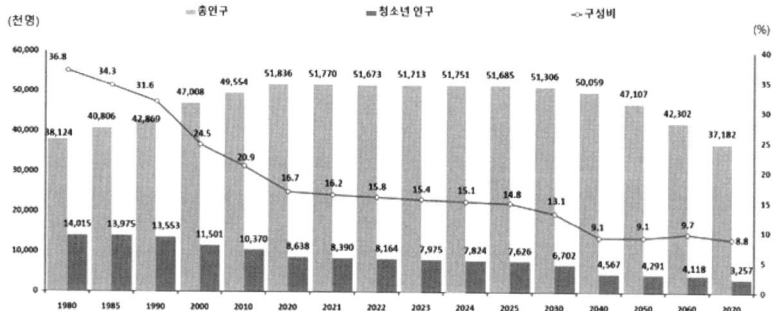

것으로 예측된다.

학교의 환경도 변화되었다. 예전 한 반에 60~70명이 되었던 교실이 우리가 부러워하며 봤던 외국의 환경처럼 한 반에 15~20명의 적은 수의 학생으로 구성되어 있어 예전보다는 좀 더 세밀한 교육과 돌봄이 가능한 환경이 되었다.[5]

이와 같은 사회환경의 변화에 따라 청소년활동 역시 변화해야만 하는 상황이다. 변화는 콘텐츠와 공간, 즉 구조의 변화가 함께 진행되어야 한다.

컨텐츠의 변화는 전체가 함께 하는 활동과 더불어 개인과 소그룹에 맞추어 진행하는 활동으로의 전환이 필요했으며, 공간, 즉 구조의 변화는 대규모시설뿐만 아니라 적은 인원이 함께할 수 있는 소규모공간이 필요한 상황이 되었다. 이러한 변화의 흐름에 따라 기존의 청소년활동시설과 함께 새로운 형태의 청소년공간이 나타나기 시작했고 2024년 현재에는

---

5) 청소년인구의 감소는 현재의 사회상황에서는 앞으로도 가속화될 것으로 예측되는데 중랑구의 한 초등학교의 경우 2024년 입학생이 27명에 불과한 곳도 있다. 그런데 이런 상황이 단순히 일부 학교의 문제가 아니고 많은 학교현장에서 나타나고 있다는 점이 더 심각하다고 할 수 있다.

이러한 새로운 흐름이 더욱 확장되고 있다.

이러한 흐름을 반영하여 여성가족부의 제7차 청소년기본계획 (2023~2027)에서는 정책과제 중 하나를 '지역사회 연계 학교 안팎 청소년활동강화'(p.36)로 선정하고 지역별 유휴시설 등을 활용한 소규모 청소년활동 공간(시설)의 설치 운영을 명시하고 있다.

> **- 제7차 청소년기본계획(2023~2027)**
> · 지역별 특성과 청소년 수요를 반영하여 청소년이 다양한 활동을 펼칠 수 있는 공간 마련 및 특성화 프로그램 운영
> · 지역사회를 중심으로 설치, 운영되고 있는 소규모 청소년활동공간에 대한 관리 방안 마련

소규모 청소년활동공간이 발생하고 현장에서 운영된 지 10여 년이 지났지만 여전히 청소년계를 비롯하여 대부분의 사람들은 새로운 청소년공간에 대한 이해가 부족하며 단순히 기존의 시설을 보조하거나 대체하는 것으로 이해하고 있고 그와 같은 역할을 기대하며 요구하고 있다. 이러한 제한적 인식은 새로운 청소년공간의 고유 역할을 약화시키고 공간의 성격을 퇴색하게 만들고 있다.

이에 청소년휴카페, 청소년커뮤니티공간, 청소년자율문화공간 등 다양한 명칭으로 불리는 청소년공간을 가칭 **소규모청소년공간(이하 청소년공간)**으로 명시하고 그것의 시작과 성격 그리고 사회적 효과 및 과제에 대해 나눔으로 앞으로의 발전 방향에 대해 숙고하는 시간을 갖고자 한다.

아무것도 하지 않아도 되지만
무엇이든 할 수 있는 청소년공간이야기

○ 소규모 청소년공간의 시작과 현황

청소년공간에 대한 네트워크나 데이터 등이 구축되어 있지 않기 때문에 이러한 형태의 청소년공간이 언제부터 시작되었는지 명확하지는 않다. 그러나 2012년 서울시에서 시작한 청소년휴카페사업이 청소년공간의 시작이라 추측할 수 있다.

청소년휴카페는 2012년 서울시에서 전국지자체 최초로 설치 운영한 청소년 전용공간으로 최초 16개소를 시작으로 최종으로 서울시 전역에 약 40개소가 설치 및 운영되었다.

청소년휴카페는 청소년들이 PC방, 노래방 등 일부 시설 외에는 친구들과 편하게 어울리거나 쉼, 회복을 할 수 있는 공간이 없다는 것을 파악하고 청소년 눈높이에 맞춰 조성된 청소년 전용공간이다. 이러한 공간 조성사업이 시작된 것은 청소년들의 필요와 더불어 변화되는 사회환경에 부응하기 위한 방편이라고 할 수 있다.

앞서 서울시 청소년휴카페가 최종으로 40여 개소라고 말한 것은 사업이 처음부터 3년 일몰제로 설세되어 개별공간의 활성화 유무에 상관없이 확대되지 않고 2015년에 공간에 대한 모든 지원이 종료되었기 때문이다.[6] 이로 인해 지원종료 후 민간 기관이 운영하던 대부분의 청소년휴카페는 운영을 종료하거나 다른 형태로 변화하여 운영하게 되었다.

---

6) 당시 서울시에 지속적인 지원 관련 여러 가지 질의와 탄원서 등을 접수하였으나 사업은 수정 없이 종료되었다. 서울시의 입장은 최초 시작할 수 있도록 지원하고 민간이 자생적으로 운영하는 것을 기대한 것으로 보인다.

당시 청소년휴카페 사업은 연간 지원금이 인건비, 운영비, 사업비 포함 약 2천만 원에 불과하여 현실적으로 안정적인 운영이 쉽지 않았지만 기본적 운영비가 지원되는 것만으로도 만족하며 공간을 운영한 곳이 많았다. 그러나 지원이 중단되자 대부분의 휴카페가 운영을 중단하거나 다른 방식으로 전환하였다.[7]

그 이유 중에 하나는 휴카페라는 청소년공간에 대한 이해도가 낮았기 때문이며, 또 하나는 청소년센터, 문화의 집 또는 어떤 기관의 유휴공간에서 운영하는 부설 프로그램 중 하나로 생각하였기 때문이다. 그러한 인식으로 인해 시의 지원이 중단되자 공간운영이 중단된 것이다.

청소년휴카페 사업이 종료된 후 초기에는 청소년공간이 축소되는 등 어려움을 겪었지만 종료된 지 10여 년이 지난 지금의 상황을 보면 청소년 휴카페와 같은 청소년공간은 사라지지 않고 다양한 형태와 명칭으로 운영되고 있는 것을 볼 수 있다.

- **서울**
  · 중랑구_청소년커뮤니티공간 7개소
  · 영등포구_청소년자율문화공간 5개소 / 금천구_청소년휴식공간
  · 성북구 청소년휴카페 / 양천구 청소년문화공간
  · 은평구 강북구 / 서대문구 꿈다락 등

---

7) 회원제 공간으로의 전환 또는 특정 대상이나 프로그램을 운영하는 공간으로 변화하였다.(유료공간으로의 전환)

아무것도 하지 않아도 되지만
무엇이든 할 수 있는 청소년공간이야기

- 수원 청소년자유공간 청개구리연못 6개소
- 군포 청소년카페 4개소
- 고양 청소년자유공간 3개소
- 천안 청다움 6개소
- 광주광역시 청소년자율문화공간 3개소
- 의왕시 꿈누리카페
- 안성시, 여주시, 양평, 양주시 등 다수

이것은 이러한 청소년공간이 청소년들에게 꼭 필요하고 정서적 회복과 성장에 도움이 되는 실질적 성과와 공간 운영 취지에 공감한 많은 지자체와 민간에서 청소년공간을 조성하고 운영하는 데 노력하였기 때문이다.

이처럼 여러 형태의 청소년공간이 조성되고 운영되고 있다는 것은 공간의 효용성이 증명되었고, 공간이 인지되고 있음을 반증하고 있는 것이다.

위에서 여가부 청소년기본계획에 소규모 청소년활동공간에 대한 관리방안 부분이 명시되었다고 말했는데 이는 그 영향력과 필요성이 전체 청소년 정책의 관점에서 볼 때도 인정되는 것이라 말할 수 있다.[8]

ㅇ청소년공간과 기존 청소년활동시설과의 차이

청소년휴카페로 시작된 청소년공간과 기존의 청소년수련/활동시설과의 차이는 크게 세 가지로 볼 수 있다.

---

8) 비록 청소년공간의 수나 형태 등에 대한 전체적인 통계는 없지만 그 필요성은 인정되는 것으로 판단된다.

첫 번째, 규모의 차이

대부분의 청소년공간은 이름과 같이 소규모로 운영되고 있다. 중랑구에 위치한 청소년공간을 예를 들어 보면 연면적이 최소 81.23㎡에서 최대 142.16㎡ 정도인 데 반해 중랑구 내 A 청소년센터는 연면적이 12,453㎡에[9] 달하고 있어 일단 규모에서 비교할 수 없을 만큼 차이가 있다. 이는 지방의 청소년공간도 마찬가지여서 대부분의 공간이 200㎡ 안팎에 불과한 것으로 파악되고 있다.[10]

두 번째, 운영목적의 차이

청소년공간의 운영목적은 분명하다. 앞서 소규모 청소년활동공간의 시작에서 언급했듯이 공간은 청소년들이 친구들과 편하게 어울리거나 쉼, 회복을 할 수 있도록 공간을 지원하는 것이 가장 큰 목적이다. 교제와 쉼, 회복이 주목적이기에 특정한 프로그램 운영을 목적으로 하지는 않는다. 물론 교제와 쉼, 회복 과정에서 청소년들의 욕구에 맞춰 문화활동을 비롯한 다양한 활동이 진행되기도 한다.

반면에 청소년활동진흥법에 근거한 청소년센터, 문화의 집, 수련원 등 청소년활동시설은 말 그대로 청소년들의 수련활동을 지원하고 강화하는

---

9) 본 시설 4,557.69㎡ / 부속시설 7,895.52㎡.

10) 앞서 언급했듯이 전체적인 통계는 없다. 본 자료는 필자가 직접 방문하고 수집한 자료를 근거로 작성되었다.

것을 목적으로 한다.[11] 그렇기에 청소년활동시설은 사전에 기획한 프로그램을 중심으로 청소년들의 참여를 유도하고 있으며, 그를 통해 청소년 성장과 배움을 지원하고 있다.

■ **청소년활동진흥법 제2조(정의)**
1. "청소년활동"이란 「청소년기본법」 제3조제3호에 따른 청소년활동을 말한다.
2. "청소년활동시설"이란 청소년수련활동, 청소년교류활동, 청소년문화활동 등 청소년활동에 제공되는 시설로서 제10조에 따른 시설을 말한다.
3. "청소년수련활동"이란 청소년이 청소년활동에 자발적으로 참여하여 청소년 시기에 필요한 기량과 품성을 함양하는 교육적 활동으로서 「청소년기본법」 제3조제7호에 따른 청소년지도자(이하 "청소년지도자"라 한다)와 함께 청소년수련거리에 참여하여 배움을 실천하는 체험활동을 말한다.
4. "청소년교류활동"이란 청소년이 지역 간, 남북 간, 국가 간의 다양한 교류를 통하여 공동체의식 등을 함양하는 체험활동을 말한다.
5. "청소년문화활동"이란 청소년이 예술활동, 스포츠활동, 동아리활동, 봉사활동 등을 통하여 문화적 감성과 더불어 살아가는 능력을 함양하는 체험활동을 말한다.
6. "청소년수련거리"란 청소년수련활동에 필요한 프로그램과 이와 관련되는 사업을 말한다.
7. "숙박형 청소년수련활동"이란 19세 미만의 청소년(19세가 되는 해의 1월 1일을 맞이한 사람은 제외한다. 이하 같다)을 대상으로 청소년이 자신의 주거지에서 떠나 제10조제1호의 청소년수련시설 또는 그 외의 다른 장소에서 숙박·야영하거나 제10조제1호의 청소년수련시설 또는 그 외의 다른 장소로 이동하면서 숙박·야영하는 청소년수련활동을 말한다.

---

11) 청소년활동진흥법 제2조.
청소년 기본법 제3조제3호 청소년활동의 정의: 3. "청소년활동"이란 청소년의 균형 있는 성장을 위하여 필요한 활동과 이러한 활동을 소재로 하는 수련활동·교류활동·문화활동 등 다양한 형태의 활동을 말한다.

8. "비숙박형 청소년수련활동"이란 19세 미만의 청소년을 대상으로 제10조제1호의 청소년수련시설 또는 그 외의 다른 장소에서 실시하는 청소년수련활동으로서 실시하는 날에 끝나거나 숙박 없이 2회 이상 정기적으로 실시하는 청소년수련활동을 말한다.

세 번째, 법적 근거의 차이

청소년공간의 경우 설치의 법적 근거가 없다. 대부분 지방자치단체장의 방침이나 조례를 근거로 운영되고 있다. 공간의 시작으로 언급한 청소년휴카페의 경우도 서울시의 마을공동체 만들기 조례를 근거로 하여 사업이 추진되었다.[12] 법적 근거는 없지만 청소년공간의 효용성과 필요성을 인식한 지방자치단체 또는 민간에서 자체적으로 설치·운영하고 있다.[13]

반면에 청소년활동시설은 법적 근거에 의해 설치·운영되고 있다. 청소년활동진흥법 제3장을 보면 청소년활동시설과 설치·운영에 대한 법적 근거가 나열되어 있다. 법에 의하면 청소년수련관(現 청소년센터)과 청소년문화의 집은 '설치·운영하여야 한다'라는 강제조항으로 나와 있고 청소년특화시설, 야영장은 '설치·운영할 수 있다'라는 권고사항으로 나와 있다.

이와 같은 법적 근거의 차이는 설치와 운영의 안정성과 관련이 있다. 청소년활동시설은 그 설치와 운영이 법적으로 보장되어 장기적이고 거시적인 운영계획의 수립이 용이하나 청소년공간의 경우 지방자치단체의

---

12) 서울특별시 마을공동체 만들기 지원 등에 관한 조례 제9조(마을공동체 만들기 사업).

13) 보통 지차체장의 선의 또는 공약에 의해서라고 말을 한다. 중랑구의 경우 '서울특별시 중랑구 청소년시설 설치 및 운영에 관한 조례'에 관련 내용이 일부 언급되어 근거를 마련하였다.

아무것도 하지 않아도 되지만
무엇이든 할 수 있는 청소년공간이야기

예산, 단체장의 정책 변화 또는 교체 등으로 인해 운영이 좌지우지 되는 경향이 있기에 장기적이고 거시적인 운영계획을 수립하기보다는 현재 운영을 위해 고민하고 매달려야 하는 경향이 있다.[14]

■ **청소년활동진흥법 제10조(청소년활동시설의 종류)**

1. 청소년수련시설
   가. 청소년수련관: 다양한 청소년수련거리를 실시할 수 있는 각종 시설 및 설비를 갖춘 종합수련시설
   나. 청소년수련원: 숙박기능을 갖춘 생활관과 다양한 청소년수련거리를 실시할 수 있는 각종 시설과 설비를 갖춘 종합수련시설
   다. 청소년문화의 집: 간단한 청소년수련활동을 실시할 수 있는 시설 및 설비를 갖춘 정보·문화·예술 중심의 수련시설
   라. 청소년특화시설: 청소년의 직업체험, 문화예술, 과학정보, 환경 등 특정 목적의 청소년활동을 전문적으로 실시할 수 있는 시설과 설비를 갖춘 수련시설
   마. 청소년야영장: 야영에 적합한 시설 및 설비를 갖추고, 청소년수련거리 또는 야영편의를 제공하는 수련시설
   바. 유스호스텔: 청소년의 숙박 및 체류에 적합한 시설·설비와 부대·편익시설을 갖추고, 숙식편의 제공, 여행청소년의 활동지원(청소년수련활동 지원은 제11조에 따라 허가된 시설·설비의 범위에 한정한다)을 기능으로 하는 시설

2. 청소년이용시설: 수련시설이 아닌 시설로서 그 설치 목적의 범위에서 청소년활동의 실시와 청소년의 건전한 이용 등에 제공할 수 있는 시설

---

14) 청소년지원이나 활동에 대한 지원은 정치에서 자유로워야 하는 게 맞지만 현실은 그렇지 않다. 자치단체의 장이 교체되거나 지방의회의 구성원이 변경되는 경우 가장 먼저 어려움을 겪는 곳이 청소년부분이다. 특히 소규모청소년공안의 경의 법적근거가 미약하고 대부분 조례나 방침에 의해 운영되기에 더욱 영향을 많이 받는 것 같다.

위와 같이 청소년공간과 청소년활동시설의 차이는 세 가지 정도로 볼 수 있는데 간단히 표로 살펴보면 다음과 같다.

연번	구분	청소년공간	청소년활동시설
1	규모	소규모	대규모
2	운영목적 (고유목적)	공간제공(방문자체)	청소년수련활동 프로그램 제공
3	법적근거	x(지자체장의 선의)	청소년활동진흥법[15]

※ 운영목적의 분명한 차이가 있음에도 보통 시설의 차이를 느끼지 못하는 이유는?

두 개의 공간(시설)은 운영목적의 분명한 차이가 있다. 그럼에도 외부에서 볼 때 청소년공간과 기존 시설과의 차이를 느끼지 못하는 이유는 청소년공간을 기존 청소년활동시설의 축소판으로 보는 경향과 인식 때문이다.

청소년공간의 경우 공간제공을 통해 활동이 만들어지는 구조인데, 과정이 아닌 결과만 보면 프로그램이 중심인 것처럼 보인다. 프로그램 활동 중심이라면 기존청소년시설과 어떤 차이점이 있을까? 하는 생각이 들 수 있다.
그러나 필자가 계속 주장하듯이 **결과는 같을 수 있으나 과정은 전혀 다르다.** 기존 청소년시설의 경우는 대부분 프로그램이나 과정을 만든 후 청소년들의 참여를 독려하는 방식이나 청소년공간의 경우 모든 경우의 수를 열어 놓고 충분한

---

15) 청소년활동진흥법 제10조(청소년활동시설의 종류), 제11조(수련시설의 설치, 운영 등) 현재 중랑구에서 운영하는 청소년커뮤니티공간 딩가동의 경우 청소년활동진흥법 시행령 제17조제2항 및 같은 법 시행규칙 제14조제2항에 따라 '청소년이용권장시설'로 지정하고 있다. 폭넓게 적용한다면 적용할 수 있으나 그 반대가 될 수도 있다. 법 제10조제2항과 같이 명확한 법률적 근거를 찾기 어렵다.

아무것도 하지 않아도 되지만
무엇이든 할 수 있는 청소년공간이야기

만남을 통해 활동이 결정되고 진행되는 방식이다. 활동의 자치성이나 자율성에 큰 차이가 있을 수밖에 없다. 그러나 결과만 보면 그냥 활동을 한 결과일 뿐 차이를 느끼지 못하게 된다.

또한 대부분의 보호자나 관, 외부의 시선은 청소년들은 활동을 해서 어떤 결과를 내야 한다는 선입견(?)이 있기 때문에 그러한 관점과 시선으로 보려는 경향이 있다. 그것은 청소년공간에 대한 이해가 부족하기 때문에 나타나는 현상이다.

그러한 관점은 악순환이 나타나게 되는데 지원을 하는 관에서는 공간 운영에 대한 평가를 해야 하고 공간에 대한 이해부족 또는 기존의 관점으로 인해 평가기준을 기존 청소년활동시설과 같은 기준을 제시할 수밖에 없다.

운영자는 공간을 지속운영하기 위해 평가지표를 의식하지 않을 수 없고 평가지표에 따른 활동을 구상하고 추진하게 된다. 결국 시간이 지나면서 청소년공간은 기존 청소년시설과 유사한 활동을 하는 것처럼 비춰질 수밖에 없다.

청소년센터, 청소년문화의 집이 고유의 역할과 기능이 있는 것처럼 청소년공간도 고유의 역할과 기능이 있다.

그와 관련해서 **청소년공간에서의 프로그램이나 활동은 청소년들과의 자연스러운 흐름 가운데 형성되고 진행되어야 한다.** 성과를 중심으로 프로그램과 활동을 운영할 경우 공간의 고유목적과 성격이 상실될 수도 있다.

○ 청소년공간의 긍정적 효과

첫 번째, 청소년들의 접근이 용이

청소년활동시설과의 차이에서 봤듯이 청소년공간은 상대적으로 소규모로 운영되고 있기에 설치가 용이하다. 청소년들의 등하교 이동 동선 사이에 위치하는 경우가 많아 생활 가운데 스며들어 언제나 방문할 수 있는 친근한 공간으로 운영될 수 있다. 아무리 좋은 공간과 시설이 있더라도 그곳을 가기 위해 이동이 어렵고 시간이 걸린다면 방문이 쉽지 않다.

특히 요즘 청소년들은 매우 바쁘기 때문에 특별한 경우가 아니면 시간을 내서 먼 곳까지 방문하지 않는다.

청소년공간은 학교와 집 그리고 학원 인근에 위치하고 있는 경우가 많아 이동 간, 짧은 시간, 친구들과 함께 시간을 보내기 용이하다.

두 번째, 일(활동) 중심이 아닌 관계(만남) 중심의 공간

청소년공간의 주목적은 공간을 제공하여 정서적 회복을 돕는 데 있다. 이 말은 일(활동) 중심이 아닌 관계(만남) 중심이라는 말이다. 친구들과의 만남, 멘토(청소년지도사, 사회복지사, 자원봉사자, 선배 등)와의 만남 또는 프로그램이나 활동을 통해 만나는 좋은 선생님과의 지속적인 관계 형성이 깊게 이루어질 수 있는 환경이 조성되어 있다. [16]

이는 결과를 중요시하는[17] 학교나 학원, 기타 청소년기관에서 운영하는 프로그램과는 다른 성격으로, 단순히 그 프로그램이나 활동의 결과를 중요시하기보다는 프로그램이나 활동의 과정을 소중하게 여기고 그 과정을 통해 회복과 새로운 것을 발견할 수 있도록 지지할 수 있다. [18]

현재 우리 사회는 끝없이 경쟁하는 환경에 노출되어 있다. 청소년들도 예외는 아니고 오히려 어린 나이부터 줄 세우기의 과잉경쟁으로 날마다

---

16) 프로그램 자체가 좋은(?) 성과를 내기 위한 목적이 아니기에 천천히 즐기면서 진행할 수 있다. 그 과정에서 인간관계의 회복과 정서적 회복이 이루어지며 때로는 진로와 소질을 발견하여 도전할 수도 있다.

17) 그렇지 않은 경우도 있기에 모두 일반화해서는 안 되지만 대부분은 결과를 중요시하고 있다.

18) 1318상상발전소에서 청소년들을 대상으로 진행한 공간 및 자치활동 만족도조사를 보면 선생님과의 만남이나 관계에 대한 부분의 만족도가 매우 높게 나타났다. 이는 청소년공간이 일(활동) 중심이 아닌 관계 중심으로 움직이고 있다는 것을 반증하고 있다.

지쳐 가고 정신적으로 피폐해지고 있다.[19] 경쟁이 아닌 함께함을 중요시 여기는 활동과 프로그램은 정서적 회복을 돕고 있다.

세 번째, 돌봄과 교육의 다면적 역할을 감당할 수 있다.

일(활동, 프로그램) 중심의 만남은 공식적인 만남일 수밖에 없다. 그 행위만을 중요하게 여기게 되고 사람에 대한 관심은 후순위로 밀리게 된다. 그 안에서는 청소년들의 정서적 상황, 개인적 상태를 알기 어렵다.

반면에 관계 중심의 만남은 일이 아닌 그 사람 자체에 관심을 집중하기 때문에 청소년들의 개인적 상황이나 문제 필요 등을 잘 발굴할 수 있다.

이는 청소년공간이 소규모로 운영되며 개인적 만남을 중요시하는 특성이 있기에 가능한 것이다. 이러한 만남을 통해 알게 된 청소년들의 상황에 맞춰 필요한 돌봄, 교육, 활동을 지원할 수 있다. 이는 청소년공간이 단순하게 머물다 스쳐 지나가는 공간을 넘어 지역사회 안에서 돌봄의 역할을 감당할 수 있음을 말해주고 있다.

그 외 청소년공간에서의 만남을 통해 소극적인 청소년이 적극성을 띠게 되고 자발적 행동을 하게 되기도 하며 공간 안에서의 작은 사회에 적응하며 사회성과 인간관계의 확장성이 이루어지기도 한다.

---

19) 우리나라는 10만 명당 자살 사망자 수가 25.2명에 달하며 OECD 회원국 중 1위를 차지하고 있는데 이는 OECD 평균 자살률 11.1명의 2배를 넘는 수준이다. OECD 회원국의 청소년 자살률 평균은 6.4명으로 나타났으나 우리나라는 1.6배 높은 10.4명으로 나타났다. https://cafe.naver.com/kjkidstudy/369998.

이 모든 것은 전체와 대규모가 아닌 개인과 소규모로 진행되는 만남과 활동이기에 가능하다.

○ 향후 활성화를 위한 과제

첫 번째, 법적 지위 획득
— 청소년 시설의 범위 내에 포함되지 않은 청소년공간의 성격

청소년공간이 법적 지위가 없다는 것은 설치와 운영이 지자체장의 정책방향과 기조에 따라 소멸될 수도 있다는 것을 의미하고 그것으로 인해 공간의 안정적 운영이 쉽지 않다(서울시 휴카페 사례 등).

전국에서 운영되고 있는 다양한 청소년공간이 안정적인 기조를 유지하고 현재의 청소년활동시설과 같이 자리 잡기 위해서는 설치 운영에 대한 법적 지위 획득이 필요하다.

단, 법적지위 획득 시(법제화, 청소년시설에 포함될 때)에 위치와 넓이, 운영기준 등에 대한 청소년공간의 특성이 반영되어야 한다. (도심 곳곳에 위치하기에 유해시설 규제 등에 대한 유연한 적용이 필요함.)[20]

법적지위가 없는 것의 두 번째 문제는 종사자 처우에 대한 기준이 적용되지 않고 있다는 것이다. 현재 청소년공간에서 근무하는 종사자 대부분은 청소년지도사, 사회복지사이다. 그러나 종사자에 대한 처우는 청소년지도사나 사회복지사 임금 권고안을 따르는 것이 아니라 지자체에서 기

---

20) 시행령, 시행규칙을 세심하게 규정해야 하며 특성에 따른 예외조항을 유연하게 적용해야 한다.

아무것도 하지 않아도 되지만
무엇이든 할 수 있는 청소년공간이야기

준을 결정하고 있다. 대부분의 경우 권고안에 미치지 못하는 처우를 받고 있다. 더 큰 문제는 종사자들의 경력도 인정되지 않는다는 것이다. 이로 인해 종사자들은 청소년들을 위해 열심히 근무했으나 청소년시설이 아니기에 경력 인정이 되지 않는 불이익을 받고 있는 현실이다.

그러나 법적 지위를 얻는다는 것은 어쩌면 기존 틀과 구조에 편입된다는 것을 의미할 수 있기 때문에 이후에도 청소년공간의 고유 성격과 운영철학 등을 잃지 않도록 신중하고도 세밀하게 검토되어야 한다.

(중랑구의 경우 우선적으로 중랑아트센터 설치 및 운영조례, 중랑구 청소년문화예술창작센터 설치운영에 관한 조례, 중랑구 미디어센터 설치 및 운영에 관한 조례 등 개별 기관을 설치 운영하는 것에 대한 조례를 참고하여 **중랑구청소년커뮤니티공간설치운영에 관한 조례를 발의**하는 것도 의미가 있을 것으로 판단된다.)

> 2025년 현재 정권이 바뀌며 청소년지도사의 처우 개선과 권익보호를 요구하는 목소리가 커지고 있는 상황이다. 그런데 청소년공간에 근무하는 청소년지도사들은 이런 청소년지도사의 처우개선이나 권익보호의 테두리에 포함되는지 의문이다 왜냐하면 근무하는 공가 자체가 법적으로 인정받고 있지 못하기 때문이다. 그렇기 때문에 청소년공간이 활성화되어 가고 있는 이 시점에서 법적 지위 인정은 선택사항이 아닌 필수사항이다.

두 번째, 민간 청소년공간에 대한 지원 체계마련

전국에는 지자체에서 운영하는 청소년공간뿐만 아니라 민간에서 운영하는 청소년공간도 다수 존재한다. 대부분의 공간은 공적인 지원체계에서 배제되어 있고 자체적인 예산을 통해 운영하고 있는 상황이다. 그렇지만 민간에서 운영하는 청소년공간의 운영이 질적으로 떨어지는 것은 아니다. 어떤 면에서는 더 자유롭고 창의적인 운영으로 청소년들의 환영을 받고 있는 곳이 많다.

이러한 민간 청소년공간에 대한 지원체계를 마련해야 한다. 물론 일정한 기준과 성격은 규정해야 한다. 그것을 바탕으로 일정 부분이라도 지원체계를 구축한다면 적은 예산지원을 통해 좋은 효과를 얻을 수 있을 것이다.[21]

세 번째, 성과 위주의 평가지표 개선

이것은 앞서 말한 부분과 중복되는 내용이다. 실적이나 숫자만을 요구한다면 그것을 채우기 위한 외면적 활동과 행사에 치중할 수 밖에 없다. 그렇다면 청소년공간의 고유 특성과 목적을 상실하고 기존의 청소년 시설과 차별성이 없어지게 된다. 결국은 기존 청소년시설과는 비교할 수 없는 작은 규모이기 때문에 경쟁력이 떨어지고 소멸하게 된다.

이러한 문제점을 해결하기 위해서는 청소년공간의 특성을 이해하고 그것에 맞는 평가지표가 개발되어 적용되어야 하며[22] 큰 청소년 수련시

---

21) 대부분의 민간법인은 청소년활동을 다양한 방식으로 해온 전문가들이 모여 있다. 이들이 안정적으로 활동할 수 있도록 지원한다면 놀라운 효과를 얻을 수 있을 것이다. 만약 민간이 운영하는 소규모청소년공간을 법 제10조와 시행령 제17조가 법률적 근거라고 한다면 법 제32조에 따라 운영지원을 강화해야 한다. 다만 법 제32조 또한 '할 수 있다'는 미강제 조항이기에 지자체장의 선의와 정책에 따라 유동적일 수밖에 없는 구조이다.
22) 계획수립과 평가지표 등 운영전반에 대한 부분을 논의할 TF를 운영하여 방안을 마련하는 것이 효율적일 것이라 판단된다.

아무것도 하지 않아도 되지만
무엇이든 할 수 있는 청소년공간이야기

설 등에서 부설 또는 자신들의 활동을 보조하기 위한 수단으로 운영하는 것은 지양해야 한다.

○ 나가는 글

이미 전국의 많은 곳에서 청소년공간이 운영되고 있다. 비록 그 명칭은 청소년커뮤니티공간, 청소년자율문화공간, 휴카페 등으로 다양하지만 운영의 성격과 목적은 동일하다.

위에 나열하였듯이 기존의 수련시설이나 활동시설과는 다른 역할과 성격이 있고 그 운영의 효과도 긍정적으로 나타나고 있는 것을 보고 있다.

이제는 더 늦기 전에 청소년공간에 대한 법적 지위를 마련하고 그 발전 방안을 연구하여 지역 곳곳에서 청소년들과 만나며 함께할 수 있는 돌봄과 만남의 구조적 체계를 마련해야 한다.

그러한 과정을 통해 우리의 청소년들은 더욱 건강하게 성장할 수 있으며 장기적으로 사회 발전과 안정화에 기여할 수 있을 것이다.

청소년의 성장을 위해 누군가는 현장에서

누군가는 후원으로 참여할 수 있습니다.

저희는 현장에서 함께 하겠습니다.

후원으로 함께해 주세요.

소중한 마음과 후원이 모이면

한 명의 청소년이 희망을 찾고

건강하게 성장할 수 있습니다.

함께 동참을 부탁드립니다.

소중한 후원금!

1원이라도 헛된 곳에 사용되지 않도록

최선을 다하겠습니다.

CMS후원약정

직접 자동이체

우리은행 1005-404-141166
(사단법인1318상상발전소)

사단법인 1318상상발전소 02-424-7901 / www.1318house.org